個人的覺醒與民主自由

徐訏

—徐訏文集—

評論卷

導言　徬徨覺醒：徐訏的文學道路

陳智德

「個人的苦悶不安，徬徨無依之感，正如在大海狂濤中的小舟。」[1]

——徐訏〈新個性主義文藝與大眾文藝〉

在二十世紀四、五十年代之交，度過戰亂，再處身國共內戰意識形態對立夾縫之間的作家，應自覺到一個時代的轉折在等候著，尤其在當時主流的左翼文壇以外，被視為「自由主義作家」或「小資產階級作家」的一群，包括沈從文、蕭乾、梁實秋、張愛玲、徐訏等等，一整代人在政治旋渦以至個人處境的去與留之間徘徊，最終作出各種自願或不由自主的抉擇。

1　徐訏〈新個性主義文藝與大眾文藝〉，收錄於《現代中國文學過眼錄》，台北：時報文化，一九九一。

一

一九四六年八月，徐訏結束接近兩年間《掃蕩報》駐美特派員的工作，從美國返回中國，直至一九五〇年中離開上海奔赴香港，在這接近四年的歲月中，他雖然沒有寫出像《鬼戀》和《風蕭蕭》這樣轟動一時的作品，卻是他整理和再版個人著作的豐收期，他首先把《風蕭蕭》交給由劉以鬯及其兄長新近創辦起來的懷正文化社出版，據劉以鬯回憶，該書出版後，「相當暢銷，不足一年，（從一九四六年十月一日到一九四七年九月一日），印了三版」[2]，其後再由懷正文化社或夜窗書屋初版或再版了《阿刺伯海的女神》（一九四六年初版）、《烟圈》（一九四六年初版）、《蛇衣集》（一九四八年初版）、《幻覺》（一九四八年初版）、《四十詩綜》（一九四八年初版）、《兄弟》（一九四七年再版）、《母親的肖像》（一九四七年再版）、《生與死》（一九四七年再版）、《春韮集》（一九四七年再版）、《一家》（一九四七年再版）、《海外的鱗爪》（一九四七年再版）、《舊神》（一九四七年再版）、《成人的童話》（一九四七年再版）、《西流集》（一九四七年再版）、潮來的時候（一九四八年再版）、《黃浦江頭的夜月》（一九四八年再版）、《吉布賽的誘惑》（一九四九再版）、《婚

2 劉以鬯〈憶徐訏〉，收錄於《徐訏紀念文集》，香港：香港浸會學院中國語文學會，一九八一。

事》（一九四九年再版），[3]粗略統計從一九四六年至一九四九年這三年間，徐訏在上海出版和再版的著作達三十多種，成果可算豐盛。

《風蕭蕭》早於一九四三年在重慶《掃蕩報》連載時已深受讀者歡迎，一九四六年首次結集成單行本出版，沈寂的回憶提及當時讀者對這書的期待：「這部長篇在內地早已是暢銷一時的名著，可是淪陷區的讀者還是難得一見，也是早已企盼的文學作品」[4]，當劉以鬯及其兄長創辦懷正文化社，就以《風蕭蕭》為首部出版物，十分重視這書，該社創辦時發給同業的信上，即頗為詳細地介紹《風蕭蕭》，作為重點出版物。徐訏有一段時期寄住在懷正文化社的宿舍，與社內職員及其他作家過從甚密，直至一九四八年間，國共內戰愈轉劇烈，幣值急跌，金融陷於崩潰，不單懷正文化社結束業務，其他出版社也無法生存，徐訏這階段整理和再版個人著作的工作，無法避免遭遇現實上的挫折。

然而更內在的打擊是一九四八至四九年間，主流左翼文論對被視為「自由主義作家」或「小資產階級作家」的批判，一九四八年三月，郭沫若在香港出版的《大眾文藝叢刊》第一輯發表〈斥反動文藝〉，把他心目中的「反動作家」分為「紅黃藍白黑」五種逐一批判，點名

[3] 以上各書之初版及再版年份資料是據賈植芳、俞元桂主編《中國現代文學總書目》、北京圖書館編《民國時期總書目，一九一一－一九四九》。

[4] 沈寂〈百年人生風雨路——記徐訏〉，收錄於《徐訏先生誕辰100週年紀念文選》，上海：上海社會科學院出版社，二〇〇八。

批評了沈從文、蕭乾和朱光潛。該刊同期另有邵荃麟〈對於當前文藝運動的意見——檢討・批判・和今後的方向〉一文重申對知識份子更嚴厲的要求，包括「思想改造」。雖然徐訏不像沈從文般受到即時的打擊，但也逐漸意識到主流文壇已難以容納他，如沈寂所言：「自後，上海一些左傾的報紙開始對他批評。他無動於衷，直至解放，輿論對他公開指責。稱《風蕭蕭》歌頌特務。他也不辯論，知道自己不可能再在上海逗留，上海也不會再允許他曾從事一輩子的寫作，就捨別妻女，離開上海到香港。」[5] 一九四九年五月二十七日，解放軍攻克上海，中共成立新的上海市人民政府，徐訏仍留在上海，差不多一年後，終於不得不結束這階段的工作，在不自願的情況下離開，從此一去不返。

二

一九五〇年的五、六月間，徐訏離開上海來到香港。由於內地政局的變化，其時香港聚集了大批從內地到港的作家，他們最初都以香港為暫居地，但隨著兩岸局勢進一步變化，他們大部份最終定居香港。另一方面，美蘇兩大陣營冷戰局勢下的意識形態對壘，造就五十年代香港文化刊物興盛的局面，內地作家亦得以繼續在香港發表作品。徐訏的寫作以小說和新詩為主，

5 沈寂〈百年人生風雨路——記徐訏〉，收錄於《徐訏先生誕辰100週年紀念文選》，上海：上海社會科學院出版社，二〇〇八。

來港後亦寫作了大量雜文和文藝評論，五十年代中期，他以「東方既白」為筆名，在香港《祖國月刊》及台灣《自由中國》等雜誌發表〈從毛澤東的沁園春說起〉、〈新個性主義文藝與大眾文藝〉、〈在陰黯矛盾中演變的大陸文藝〉等評論文章，部份收錄於《在文藝思想與文化政策中》、《回到個人主義與自由主義》及《現代中國文學過眼錄》等書中。

徐訏在這系列文章中，回顧也提出左翼文論的不足，特別對左翼文論的「黨性」提出質疑，也不同意左翼文論要求知識份子作思想改造。這系列文章在某程度上，可說回應了一九四八、四九年間中國大陸左翼文論的泛政治化觀點，更重要的，是徐訏在多篇文章中，以自由主義文藝的觀念為基礎，提出「新個性主義文藝」作為他所期許的文學理念，他說：「新個性主義文藝必須在文藝絕對自由中提倡，要作家看重自己的工作，對自己的人格尊嚴有覺醒而不願為任何力量做奴隸的意識中生長。」[6]徐訏文藝生命的本質是小說家、詩人，理論鋪陳本不是他強項，然而經歷時代的洗禮，他也竭力整理各種思想，最終仍見頗為完整而具體地，提出獨立的文學理念，尤其把這系列文章放諸冷戰時期左右翼意識形態對立、作家的獨立尊嚴飽受侵蝕的時代，更見徐訏提出的「新個性主義文藝」所倡導的獨立、自主和覺醒的可貴，以及其得來不易。

《現代中國文學過眼錄》一書除了選錄五十年代中期發表的文藝評論，包括《在文藝思想

[6] 徐訏〈新個性主義文藝與大眾文藝〉，收錄於《現代中國文學過眼錄》，台北：時報文化，一九九一。

與文化政策中》和《回到個人主義與自由主義》一書中的文章，也收錄一輯相信是他七十年代寫成的回顧五四運動以來新文學發展的文章，集中在思想方面提出討論，題為「現代中國文學的課題」，多篇文章的論述重心，正如王宏志所論，是「否定政治對文學的干預」[7]，而當中表面上是「非政治」的文學史論述，「實質上具備了非常重大的政治意義：它們否定了大陸的文學史論述」[8]，徐訏所針對的是五十年代至文革期間中國大陸所出版的文學史當中的泛政治論述，動輒以「反動」、「唯心」、「毒草」、「逆流」等字眼來形容不符合政治要求的作家；所以王宏志最後提出《現代中國文學過眼錄》一書的「非政治論述」，實際上「包括了多麼強烈的政治含義」。這政治含義，其實也就是徐訏對時代主潮的回應，以「新個性主義文藝」所倡導的獨立、自主和覺醒，抗衡時代主潮對作家的矮化和宰制。

《現代中國文學過眼錄》一書顯出徐訏獨立的知識份子品格，然而正由於徐訏對政治和文藝的清醒，使他不願附和於任何潮流和風尚，難免於孤寂苦悶，亦使我們從另一角度了解徐訏文學作品中常常流露的落寞之情，並不僅是一種文人性質的愁思，而更由於他的清醒和拒絕附和。一九五七年，徐訏在香港《祖國月刊》發表〈自由主義與文藝的自由〉一文，除了文藝評論上的觀點，文中亦表達了一點個人感受：「個人的苦悶不安，徬徨無依之感，正如在大海狂

7 王宏志〈心造的幻影——談徐訏的《現代中國文學的課題》〉，收錄於《歷史的偶然：從香港看中國現代文學史》，香港：牛津大學出版社，一九九七。

8 同前註。

濤中的小舟。」[9]放諸五十年代的文化環境而觀，這不單是一種「個人的苦悶」，更是五十年代一輩南來香港者的集體處境，一種時代的苦悶。

三

徐訏到香港後繼續創作，從五十至七十年代末，他在香港的《星島日報》、《星島週報》、《祖國月刊》、《今日世界》、《文藝新潮》、《熱風》、《筆端》、《七藝》、《新生晚報》、《明報月刊》等刊物發表大量作品，包括新詩、小說、散文隨筆和評論，並先後結集為單行本，著者如《江湖行》、《盲戀》、《時與光》、《悲慘的世紀》等。香港時期的徐訏也有多部小說改編為電影，包括《風蕭蕭》（屠光啟導演、編劇，香港：邵氏公司，一九五四）、《傳統》（唐煌導演、徐訏編劇，香港：亞洲影業有限公司，一九五五）、《痴心井》（唐煌導演、王植波編劇，香港：邵氏公司，一九五五）、《鬼戀》（屠光啟導演、編劇，香港：麗都影片公司，一九五六）、《盲戀》（易文導演、徐訏編劇，香港：新華影業公司，一九五六）、《後門》（李翰祥導演、王月汀編劇，香港：邵氏公司，一九六〇）、《江湖行》（張曾澤導演、倪匡編劇，香港：邵氏公司，一九七三）、《人約黃昏》（改編自《鬼戀》，

[9] 徐訏〈自由主義與文藝的自由〉，收錄於《個人的覺醒與民主自由》，台北：傳記文學出版社，一九七九。

陳逸飛導演、王仲儒編劇，香港：思遠影業公司，一九九六）等。

徐訏早期作品富浪漫傳奇色彩，善於刻劃人物心理，如〈鬼戀〉、〈吉布賽的誘惑〉、〈精神病患者的悲歌〉等，五十年代以後的香港時期作品，部份延續上海時期風格，如《江湖行》、《後門》、《盲戀》，貫徹他早年的風格，另一部份作品則表達歷經離散的南來者的鄉愁和文化差異，如小說《過客》、詩集《時間的去處》和《原野的呼聲》等。

從徐訏香港時期的作品不難讀出，徐訏的苦悶除了性格上的孤高，更在於內地文化特質的堅守，拒絕被「香港化」。在《鳥語》、《過客》和《癡心井》等小說的南來者角色眼中，香港不單是一塊異質的土地，也是一片理想的墓場、一切失意的觸媒。一九五〇年的《鳥語》以「失語」道出一個流落香港的上海文化人的「雙重失落」，而在《癡心井》的終末則提出香港作為上海的重像，形似卻已毫無意義。徐訏拒絕被「香港化」的心志更具體見於一九五八年的《過客》，自我關閉的王逸心以選擇性的「失語」保存他的上海性，一種不見容於當世的孤高，既使他與現實格格不入，卻是他保存自我不失的唯一途徑。[10]

徐訏寫於一九五三年的〈原野的理想〉一詩，寫青年時代對理想的追尋，以及五十年代從上海「流落」到香港後的理想幻滅之感：

10 參陳智德《解體我城：香港文學1950-2005》，香港：花千樹出版有限公司，二〇〇九。

多年來我各處漂泊，
唯願把血汗化為愛情，
遍灑在貧瘠的大地，
孕育出燦爛的生命。

但如今我流落在污穢的鬧市，
陽光裡飛揚著灰塵，
垃圾混合著純潔的泥土，
花不再鮮豔，草不再青。

海水裡漂浮著死屍，
山谷中蕩漾著酒肉的臭腥，
潺潺的溪流都是怨艾，
多少的鳥語也不帶歡欣。

茶座上是庸俗的笑語，
市上傳聞著漲落的黃金，

戲院裡都是低級的影片，
街頭擁擠著廉價的愛情。

此地已無原野的理想，
醉城裡我為何獨醒，
三更後萬家的燈火已滅，
何人在留意月兒的光明。

「原野的理想」代表過去在內地的文化價值，在作者如今流落的「污穢的鬧市」中完全落空，面對的不單是現實上的困局，更是觀念上的困局。這首詩不單純是一種個人抒情，更哀悼一代人的理想失落，筆調沉重。〈原野的理想〉一詩寫於一九五三年，其時徐訏從上海到香港三年，由於上海和香港的文化差距，使他無法適應，但正如同時代大量從內地到香港的人一樣，他從暫居而最終定居香港，終生未再踏足家鄉。

四

司馬長風在《中國新文學史》中指徐訏的詩「與新月派極為接近」，並以此而得到司馬長風的正面評價，[11]徐訏早年的詩歌，包括結集為《四十詩綜》的五部詩集，形式大多是四句一節，隔句押韻，一九五八年出版的《時間的去處》，收錄他移居香港後的詩作，形式上變化不大，仍然大多是四句一節，隔句押韻，大概延續新月派的格律化形式，使徐訏能與消逝的歲月多一分聯繫，該形式與他所懷念的故鄉，同樣作為記憶的一部份，而不忍割捨。

在形式以外，《時間的去處》更可觀的，是詩集中〈原野的理想〉、〈記憶裡的過去〉、〈時間的去處〉等詩流露對香港的厭倦、對理想的幻滅、對時局的憤怒，很能代表五十年代一輩南來者的心境，當中的關鍵在於徐訏寫出時空錯置的矛盾。對現實疏離，形同放棄，皆因被投放於錯誤的時空，卻造就出《時間的去處》這樣近乎形而上地談論著厭倦和幻滅的詩集。

六七十年代以後，徐訏的詩歌形式部份仍舊，卻有更多轉用自由詩的形式，不再四句一節，隔句押韻，這是否表示他從懷鄉的情結走出？相比他早年作品，徐訏六七十年代以後的詩作更精細地表現哲思，如《原野的理想》中的〈久坐〉、〈等待〉和〈觀望中的迷失〉、〈變

[11] 司馬長風《中國新文學史（下卷）》，香港：昭明出版社，一九七八。

幻中的蛻變〉等詩，嘗試思考超越的課題，亦由此引向詩歌本身所造就的超越。另一種哲思，則思考社會和時局的幻變，《原野的理想》中的〈小島〉、〈擁擠著的群像〉以及一九七九年以「任子楚」為筆名發表的〈無題的問句〉，時而抽離、時而質問，以至向自我的內在挖掘，尋求回應外在世界的方向，尋求時代的真象，因清醒而絕望，卻不放棄掙扎，最終引向的也是詩歌本身所造就的超越。

最後，我想再次引用徐訏在《現代中國文學過眼錄》中的一段：「新個性主義文藝必須在文藝絕對自由中提倡，要作家看重自己的工作，對自己的人格尊嚴有覺醒而不願為任何力量做奴隸的意識中生長。」[12]時代的轉折教徐訏身不由己地流離，歷經苦思、掙扎和持續的創作，最終以倡導獨立自主和覺醒的呼聲，回應也抗衡時代主潮對作家的矮化和宰制，可說從時代的轉折中尋回自主的位置，其所達致的超越，與〈變幻中的蛻變〉、〈小島〉、〈無題的問句〉等詩歌的高度同等。

＊陳智德：筆名陳滅，一九六九年香港出生，台灣東海大學中文系畢業，香港嶺南大學哲學碩士及博士，現任香港教育學院文學及文化學系助理教授，著有《解體我城：香港文學1950-2005》、《地文誌——追憶香港地方與文學》、《抗世詩話》以及詩集《市場，去死吧》、《低保真》等。

[12] 徐訏〈新個性主義文藝與大眾文藝〉，收錄於《現代中國文學過眼錄》，台北：時報文化，一九九一。

目次

導言　徬徨覺醒：徐訏的文學道路／陳智德　I

個人的覺醒與民主自由

代序　道德要求與道德標準　003
重版序　017
個人主義的觀點與自由的限度　019
個人主義與英雄主義　039
自由主義的衰微與再興　059
人的認識與個人主義的基礎　071
佛洛伊德學說的背景與其影響　083

個人主義與個人的尊嚴　097
自由主義與文藝的自由　111
附錄　我的馬克思主義時代　131

個人的覺醒與民主自由

代序　道德要求與道德標準

像我這樣年齡的人，在動亂的中國長大，所遭遇的時代的風浪，恐怕是以前任何中國人都沒有經歷過的。我們經歷了兩次中國的大革命，兩次世界大戰，六個朝代。這短短幾十年工夫，各種的變動使我們的生活沒有一個定型，而各種思潮也使我們的思想沒有一個信賴。自然，這裡所說的我們，並不包括所有同時代的人；在我儕輩中，有不少的人，他們的生活就在商業的圈子或在政治的圈子找到了歸宿，他們的思想也停止在這圈子裡人生的效用中。可是，我同一群像我一樣的人，則變成這時代特有的模型，在生活上成為流浪漢，在思想上變成無依者。在我幼年的時候，我有短短的時期，還受著中國舊傳統的教育，老師以一部《孝經》要建立我們兒童的道德，可是這與時代已經完全不合。在兒童的意識中，竟常有一種想實行「先王之道」而辦不到的痛苦，等到我發現父兄師長都沒有照著這個標準在做人的時候，我就開始由根本的懷疑而全盤的否定了。

我以後知道，把道德標準放在無法實行的角度與高度，所引起的一定是根本的懷疑與全盤的否定。可是我以後從所受的教育而來的一切道德觀念，都是與實際生活完全不合的教條，因此始終沒有使我的人生能在一種可靠的標準上發展。一切教導我的長輩，他們的行為與所教的內容也完全不符。如果一個人要堅守這些教條，那麼，這個人也就勢必走到變態的迷津。

譬如，在我長大的時代中，我們有不少次抵制日貨與抵制英貨的運動，可是我竟沒有看到那些提倡與主張的人可以徹底實行。這是一個經濟的因素，除非是一個國家在國策上採取抵制的策略，對個人作道德要求是不能收效的。那些想徹底實行這教條的人，燒去了一切已有的日貨或英貨，只是蒙了個人的損失；而在時過境遷以後，並沒有人對於他的道德行為有什麼讚揚，反被親友們叱為迂腐與愚蠢；接著還是要去補足已毀的各種仇貨。這雖是個小小的例子，但許多道德上的號召，都是與這個相同的。

當我年幼的時候，鄉村裡還是被舊道德觀念所統制。如果有違背這些道德標準的人，譬如說姦淫有夫之婦，他就絕不能容於這個社會，除了流亡他鄉以外，別無生存之道。可是等我長大以後，直到現在，我所見的世界，就完全不同。那些主張上思想上絕對不容違反某種道德律的人，竟照樣可以與他們應酬交際成為莫逆；許多貪污的官吏，漢奸，照樣可以被痛罵這些行為的人與團體甚至所謂政府所尊重；這使我想到所謂道德淪亡並不是這些違反道德標準的人，而是整個的社會問題了。

現在有一種政治的效用想法，說在現在反共的當兒，只要這個人是反共的，不管他過去如何，我們應當吸收與容納。這句話不能說錯，但有一點必須注意，即是這個人在思想上必已有基本的覺悟；而在行為上，從現在開始必須是足以代表民主自由的道德觀念的。所謂民主自由的道德觀念，原則上當是自尊尊人，尊重憲法的精神。倘若他只是因為共產黨所不容而想多貪污一些，或者他具有法西斯的態度，不過想搶共產黨的政權來同樣的奴役人民，那麼這是沒有意義的。因為前者，除了腐蝕民主自由的陣營外，決無什麼益處；後者，即使反共成功了，除了多流一些人民的血液外，換來的還是一樣的極權統治。

一個人的道德行為與他所膺服的思想與習慣一定是一致的，倘若這個人實在有民主自由的思想，他一定有民主自由的道德行為。因此，每個人的道德行為正是我們衡量我們民主自由陣營的力量的標準。而民主自由的道德行為是自發的，同極權統制下，強迫的道德行為（根據極權思想而來的道德行為）是不同的。

道德標準是社會制度的產物，如君主政治下之忠，宗法社會裡之孝；而也是一種社會制度的思想之意識要求。所以當社會制度有新的變化，思想界有新的浪潮，社會的道德標準，個人的道德意識都會有新的更替。一個人的道德行為乃是他整個的人生態度，與他的思想及生活背景是相聯繫的。一個國家有他的一個道德要求；國家內所有的社會生活，也有它的道德要求。任何一種生活的社會，都有它的道德要求，即使是黑社會或盜竊幫口，他們間也有一個道德標準。倘若不管社會生活的背景，不問其他的思想根源，而專對人作一種不合時代不符生活的道德要求，是無法有效的。不但無效，而且會使人產生了心理上矛盾歪曲的不安與綜錯。如果有人真的接受這個道德要求，那麼這只是一個丑角，他到社會上與人一起生活，馬上會被人譏笑為迂闊與拘泥，不但不為人所尊敬，反而會被人所輕視。中國自從思想界失去重心以後，許多熱心人提倡呼籲的道德運動，如徹底的殺生戒，布衣運動，以及各種恢復禮教的生活運動等，雖其用意很好，但都無法有效，就是這個道理。

道德行為所以與生活不能脫離，因為一個人失去了這一定道德標準，你就必須脫離某一種生活。譬如一個商人，他必須講信用，如果沒有信用，到處欺騙，那麼，日子一多，他就不能在這個生活中存在；如盜竊幫口，他必須保密，倘出賣同夥，那自然就會被幫口所不容。這些道德標準，為一定的社會所公認，那個圈子裡的輿論對於違背那個道德標準的人，是一致輕視排斥的。

道德與生活是無法分開的，一個社會裡的人，如果窮得無法維持最低的飽暖，要提倡整潔往往只是被人們訕笑。道德標準所以總是跟隨著經濟生活而變動。因此，道德標準不是一個英雄豪傑可以規定的東西，而是必須有待於社會的公認。

所謂公民的道德行為，正是全國所公認的一個標準，要一個人長大的過程中受到這個培養。如我在家庭學校所受的道德的教條，則從來不是這個國家所公認的標準。不但不是國家這個大社會所公認，連直接教我的父母師長，他們自己的行為都並不照這個標準，所以不但不能夠在我們的性格上建立一個格局，反而使我們遭遇到心理上的磨折。原因是這些道德教條，不是太遠太高，就是太複雜。太遠是不合時代，太高則不合實際生活，太複雜則彼此矛盾。一個師長所要求的，同另一個師長不同，一個學校所要求的，同另一個學校又不同。以《孝經》為道德教條，則是太遠；以聖賢烈士為道德要求，則是太高。太複雜則是因為師長與學校的背景不同。譬如有人在小學裡，對於祖先的祭祀非常崇敬，可是以後進了一個教會學校，就大大反對這種崇敬；我在一個師長那裡受到做人應該圓滑和氣的教條，在另一師長那裡就受了做人應當有個性，堅持自己主張的訓示。諸如此類，這些複雜矛盾的道德教育往往是一個兒童心理上的負擔。

因為太遠太高太複雜，反而使人對於道德認為是可笑的東西，人在長大之中，慢慢地對這些過去所受的教條，由懷疑而輕視，由輕視而全部否認了。

所謂道德標準，都有它不同的根據。它不是來自不同的社會，就是源於不同的思想。我所受的道德教育，所以如此紊亂，就因中國在變動之中，舊的沒有去淨，新的已經湧來。各種思想，各種人生態度，先後輸入中國。當我幼年時候，只受到道德教訓的浪潮，不知道這些教訓後的暗流，等我慢慢長大以後，我開始知道這些過去所受教訓的來源與其思想背景。在這些思潮之中，我們同年代的青年，就好像在海裡受到不同的浪濤所捲擊，一時被一個浪濤所捲，一時又被另一個浪濤所推；其中也有一些人，由於所處的地位不同，投入在靠近浪濤的懷抱裡，一直沒有出來。這些人，有的墮落，有的犧牲，有的升官發財，有的不知所終……而我，以及一定還有與我相同的，則始終在各種浪濤之中，被推來推去，而無所依歸。

五四運動給中國思想界的影響，則破壞大於建設，否定大於肯定。在道德上，忠孝節義一類的標準都被否定。那麼代它而起的是什麼呢？思想界肯定的口號是民主與科學，但事實上那時連提倡的人對這口號也沒有了解。科學最基本的要求是理性，民主最基本的要求是自尊尊人，這些標準不但沒有建立，也沒有人提出。否定舊的是革命的行動，革命的行動往往是不擇手段。當不同的新思潮湧來之時，新思潮的領導人物，本來都是三十歲上下的青年，沒有一個能夠在自己所提倡的民主與科學的口號中有真正的貢獻，他們大都在各種思想的浪潮上失去舵向。一切國家至上，階級革命的思想馬上就吸引了這些青年，熱情與意志已成他們勇往向前的力量。依附著新興的權力的人又奔向復古。一切如提倡新詩的人重哼舊調，擁護西醫的人回找丹方，反對舊劇的人又捧京角，主張民主的人擁護獨裁，那麼我們晚於這群領導人物的人，自然更不知何所適從了。

被五四運動所掃蕩的思想界，是一種真空。充斥這個真空則有各色各樣標新立異的口號——國家主義，社會主義，共產主義，虛無主義，無政府主義。這些口號都是從外國來的，但叫的人也沒有弄清楚它的內容，響應的人則更像一犬吠影，百犬吠聲似的。要知道這一段文化運動，只要檢出當時的書刊就可以知道。每一種學說都有薄薄的似是而非的介紹，少數原著的翻譯，錯誤百出。這可見著者譯者實在沒有徹底了解什麼，或真有什麼主張，不過是在真空之中湊熱鬧而已。

北伐軍興，三民主義就成了一個不可當的思潮，號召了所有的青年，它馬上就成了思想界的明燈。那時候我在北京，在軍閥治下，這是一部禁書，但當時青年，反以未讀此書為恥。為追隨這個革命的理想而南下的青年，為數甚巨。被這個思潮所捲去的人，有的得意，有的失意；有的喪生，有的成名；有的分化，有的改宗；也同許多小浪小濤所捲去的人一樣。可是等到軍閥投降，全國統一，大批馬克思主義的譯著湧出，後浪推前浪，思想界文化界就一直受著馬克思主義的影響了。

我進大學的時候，正是馬克思主義初興之時，因為正是知識慾旺盛之年齡，每出版一本書，無論文字是多麼生硬，總是要借來買來，從頭把它讀完。

不用說，那時候不相信這一套理論當然被認為是落伍的。我們還時時以自己是知識份子為可恥；恨不得自己父母是無產階級。當時凡是在別種體系或學說中得來的思想，與馬克思主義的思想有出入而懷疑之時，馬上警惕到這又是自己知識分子小資產階級意識的作祟。覺得以克服這種小資產階級意識而堅信馬克思主義的思想才算進步。這使我有一個時期幾乎不敢亦不願讀別種思想的書，覺得想了解各種學說與思想也就是知識分子的劣根性。這種處處提防自己的小資產階級的意識實在使我的心理永遠有些可怕的綜錯。

所謂革命的要求，是不擇手段的破壞主義。其要求的道德則是功利的標準。即是有利於革命的一切行為，就是道德。人道主義是一種緩和革命情緒的手段，所以是反動的；盜竊不是不道德，因為富人的財當原是由剝削別人而來；為革命而拋棄老父，陷害寡母，或出賣朋友都是英雄的道德的行為。凡無力或不忍實踐這些道德的是小資產階級的劣根性，是知識分子的弱點。在革命行動中，不能夠為革命的利益徹底堅決地而行動，還在顧到友愛與信義的是可恥的動搖與封建的意識在作祟。

在這樣的道德要求下，我與同時代的青年都有過非常苦悶的經驗。我相信曾經受過這些苦悶磨難的人，他的心理上一定有許久不能平復的傷痕。

要擺脫這種矛盾的不安。有兩種辦法，一種是從根本的懷疑與全盤的否定，這需要很強的理性與很高的智慧；一種是放棄原有的一切生活的社會，參加了所謂黨的行列，這需要很強的意志與很高的信心。我與一些同時代的人選擇了前者，但也有一些朋友選擇了後者，這些朋友，許多年以後，變化很多，有的已經在過程中犧牲，有的翻了幾個筋斗，又變成了反馬克思主義者了；有的久無消息，日後成了要人；有的早已聞名，忽又犯了錯誤而被貶。而我，當然也還有同我一樣的人，則迄未被這個思潮捲去，只是被冲擊了一陣，還是在茫茫大海中飄流著。

中國這些年來，思想界之紊亂，實在因為各種學說與思想介紹得太多，可是每一種又介紹得太少而不徹底，所以口號多而不深入；比較徹底而深入的作介紹的，還是馬克思主義；所以它在以後二十年中幾乎淹沒了所有思想界的聲響。

一般反對馬克思列寧主義的人，也確曾想建立一種思想。第一個是梁漱溟，第二個是胡適之，第三個是馮友蘭。但是都是太偏重功利。梁漱溟不但要做思想家還要做實行家，他辦村治有否成績是另一件事，但是他的思想並沒有一般性原則上促人覺悟之點。胡適之一度相信社會主義，他所努力的是對於政府的批評與督促，作為民主政治下最好的輿論是有餘，作為領導中國思想界就不足了。他的《獨立評論》之遠不如《新青年》之有影響也就在此。說到馮友蘭，他從理學闡發新理學，完全是狹小書房裡的一種產物。他以他的《貞元三書》，想作治國平天下的夢，可謂真不知天下之大。他的書滿足一些帶頭巾氣的人，想以儒家與中國的一群五十歲以上的書生的慾望。當時鑒於共產主義學說的盛行，當局也想借重這一套思想以充三民主義哲學上的闕如，所以也捧了他一陣，於是馮友蘭擔任了三民主義青年團的什麼長。馮友蘭也得意忘形，以為他真是在領導中國思想界了。

馮友蘭似乎到現在還以為自己確曾領導過中國思想界似的，他在自我批判中說：「……新理學在開始的時候，它是有進步性的。我不相信一個完全沒有進步性的東西，會在一時能有相當的流行。可是中國變得太快，不久它就失掉了進步性，而成為進步的障礙，為歷史所清算。……」

這正是說出他對於自己與當時的思想界與文化界關係之隔膜。馬克思主義是十九世紀的產物，馮友蘭研究西洋哲學多年，難道就沒有聽見過？即以中國來說，所謂馬克思主義在民國十七年已經在中國流行。自此以後，一直是思想界最有力的號召。魯迅於民國十九年轉變，此後馬克思主義一直影響著文化界思想界。馮友蘭《新理學》於民國二十八年出版，《新事論》於民國二十九年才出版。請問「進步性」到底在哪裡？馮友蘭既以為他的《新理學》是馬克思主義的障礙，是共產主義的障礙，馬克思主義共產主義比他進步，那麼《新理學》出版的時候，豈不早就落在時代以後，而為時代的障礙了。馮友蘭以思想家自居，為大學教授有年，竟一直不曾知道有馬克思學說，而當馬克思主義在中國思想界文化界風行了十多年時候，還不知道有馬克思列寧主義的思想「應當」追隨，而要在南嶽書房裡寫《新理學》，那也未免太落伍了。

所謂「一時相當的流行」，那麼，除了五六十歲的脫離不了儒教與理學桎梏的人以外，恐怕也只有狹小圈子的宴席上的幾聲敷衍恭維話罷了。

一種思想，如確曾在思想界起了影響，它最先反映的就該是在文學與藝術方面；比方文藝復興後的古典主義，十八世紀的浪漫主義，即以第二次世界大戰後的存在主義來說，都曾在文學繪畫音樂戲劇上成了一個風尚。即以五四運動的新文化運動及以後的革命文學普羅文學等，都也掀起過文化界的風浪。馮友蘭的思想究竟喚起過什麼風氣呢？第二點是在道德要求方面，必有一種新的精神，因而產生了新的原則，即使沒有肯定的原則，也必有否定的精神，這是在任何思想運動中必然的現象。如路德的宗教革命，中國的五四運動，不用說共產主義思潮，都曾使社會的道德標準有翻天覆地的改變。以馮友蘭的思想在道德標準上有什麼波動呢？

這原因是馮友蘭的理學，實際上是把舊理學用於新功利的一種思想，還是正心修身齊家治國平天下的老調，在社會上是並無新的意義的。他說：「我國家民族，值貞元之令，當絕續之交，通天人之際，達古今之變，明內聖外王之道者，豈可不盡所欲言，以為我國家致太平，我億兆安心立命之用乎？」

這些話，完全是科舉時代讀書人「學而優則仕」的態度。一皮囊是頭巾氣，一點沒有思想家的「愛真」「愛智」之器度。所以也怪不得他以任青年團的什麼長以為是在領導思想界了。以愛智愛真之心來說，梁漱溟與胡適之當然遠超馮友蘭。但因為都斤斤注意於切近的現實的問題，所以並不能掀起源深流長的思潮。

哲學家與思想家在以前原可以不分，因為哲學所及的範圍往往是一般的思想。可是近代哲學發展成為一種非常專門的學科，因此哲學家與思想家是不同的。許多哲學家往往專門在研究思索一二個哲學上的問題，同物理學數學一樣，他的課題不是一般人所能了解，他的結論影響思想界是非常遙遠而緩慢。思想家則必須綜合各種的常識，對於現實的各方面有所主張。但這意見應當是原則方面。哲學家憑他思考的習慣可以成為思想家，但思想家不一定是哲學家。如盧梭，孟德斯鳩以及佛洛伊德這些思想家都是從別種學科出發的。中國有不少的在哲學方面或其他學科方面有成就的人，但似乎都沒有或不願成為一個思想家。上述三位，都是從研究哲學而注意到整個的一般的問題的，可是都沒有喚起一個足以與共產主義對立的思潮。這也無怪共產主義一時成為無法抵抗的思潮了。

我未被這個思潮捲走，正像浮在大海中被浪潮推來推去的小船，東西飄流，四處摸索，苦悶無依之中，愛讀各類的書，聽各家之說，自思學無專長，唯有愛智愛真之心。對權威之言，不敢妄信，而於一般常識，則覺毋須否認。身處二十世紀之中，不敢留戀唐虞盛世，自幼至老，被無數聖賢英雄之學說所領導，備受驅拉徬徨矛盾之苦。反躬自思，我總不失為芸芸眾生中之一。生而為人，不管是上帝所造或由人猿進化而來，那麼我就該要求其他的人，不管是體力遠勝於我或智慧遠超於我的人，都以人待我。這大概是最平凡最低淺的覺醒。

就是憑這平凡而低淺的覺醒，我開始看到許多思想都是從「我」出發，他們常用漂亮美麗冠冕堂皇的學說，鼓勵我做他們學說中理想的英雄，放棄我正常完整的平凡的人，而去做他學說與思想的工具或祭品。還看到有許多思想是從「人」出發的，他們承認我是一個平凡的人，鼓勵我做我愛做的事，說我愛說的話。我把前者認識為自我主義與英雄主義，後者認識為個人主義與凡人主義。

西洋的基督教文化基礎，使許多平凡的人看到自己的平凡，承認上帝所創造的人彼此平等，但也使許多聖賢英雄擬自我為上帝的替身或代表。我認識前者是個人主義，後者則是自我主義。

達爾文以後，從生物學觀點看人的思想家，使許多平凡的人看到自己的平凡，承認生物進化中人的平等，但也使許多人以為自己在進化中優於別人。我辨認前者是個人主義，後者則是自我主義。

我覺得東方的思想界似乎從來沒有這兩種清楚態度。中國沒有基督教的傳統，也沒有生物學的觀點：各種思想都是從「我」出發，但推廣開去，又處處為人想到。所以它既不是自我主義，也不是個人主義。這種溫和中庸的態度，是中國思想的偉大處，但也正是他的缺點。

中國有許多思想家，在推己及人上講，往往遠被任何生靈；惜始終未能放棄「我」的觀點。但從「我」的觀點出發，可以有如許廣被，而並不主張以暴力統制或以武斷去改造別人的，這就是它的偉大與崇高地方。其缺點就是永遠達不到一個把「我」放到「人人」水平的境界。

因此，在道德教育上，中國傳統太要人做好人，做聖賢，就是說要求「我」的高貴。這種道德要求往往就是太高。所有忠臣孝子烈女節婦一類的故事，在另一方面說，當然是很美的情操，但如離開情操，不發於愛，而作為道德規律，那就毫無意義了。我曾經聽到一個節婦的故事，是一個朋友的曾祖母，她十八歲就守寡，為克制情慾，她每天在被筒裡把五百個銅錢來回的數。這類故事很多，現在聽起來雖很可笑，但道德要求放在「我」的高貴的追求上，往往使人故作高貴，結果失去了道德情操，只有形式的拘泥，反而變成矯揉做作的丑角。這在儒林外史裡不知有多少可笑的例子。

這種道德教育，其流弊：第一，使兒童心理很有損害，常覺得自己達不到這個標準為可恥。我有一個朋友，他在十幾歲時，母親病了，他想實行「割股療親」的孝道，因為沒有做到，許久都在自卑不安中苦惱。第二，使一般人往往用這些高到做不到的標準來批評別人。第三，使人因做不到而全盤否定了道德。第四，是違反人性的。

中國的道德標準往往以幾個聖賢為模範，而這些聖賢還是神話化的，聖賢的本人是否合乎這些道德標準，還是疑問；而他的合乎標準的所謂道德行為之心理動機與背景也並不清楚，所以如此要求兒童，只是使他們發現他們的師長父兄們之口是心非罷了。

如果肯把「我」放到「人人」的水平。那麼道德教育應該是最低的必需的做人的要求，是人人都該具有的一些行為上的標準。由此出發，人只是在尊人與自尊上就可尋到了全部的道德意義，尊人就是盡責，自尊就是盡職。

從道德要求上來看，我感到某一種太崇高的道德要求，實際上是某一種思想對人的一種精神壓迫。以前如忠孝節義，現在如「無產階級的道德」，都是叫人違背人性來湊合某一種思想所要求的模型。

現在如要求人民用肉體去堵洪水，清算自己的父母，我覺得同以前的孝子故事，如「割股療親」如「臥冰求魚」，完全是一樣的，是一種精神虐待的要求。

道德如果要與人性相聯結的話，它的出發點必須是「人」的而不是「我」的。「我」的出發點是我的一種思想與信仰要人人根據它來實現，「人」的出發點則是人與人彼此活在一起的聯繫。這就是說，我們大家活在一起，就必須大家承認人的限度與人性的缺點，而能彼此互尊互忍互愛。

我曾經把思想分為鳥籠思想與樹木思想，而這種要求人實現他的聖賢或英雄的理想的道德觀，可說正是任何鳥籠思想的柵欄。在我成長之中，我不少次走進這些柵欄。我不過是一隻微小的鳥，涉足於聖賢學說之中，往往以做別人所繪描的英雄為榮。如今則有這些發現，就好像是一隻在鳥籠出來的愛自由的鳥，對於鳥籠有特別的警覺了。

幾十年來苦悶、摸索，在浪潮中飄流，現在所發現的是人總是人，我這裡所說的不過是一個平凡的現代的人，站在人的立場，根據現代的常識，說些覺醒的話而已。

一九五七年一月十六日

重版序

這本《個人的覺醒與民主自由》，在香港初版再版時是叫做《回到個人主義與自由主義》，出版後曾經獲得許多反應。這些反應，無論是贊成或反對，我都非常感激。我對於反對我的，甚至叱我是離經叛道的人，我也從不爭辯。原因是我的意見只是我自己的意見，我並不想強人與我相同。我們尊敬別人與我不同的意見，正是真正的個人主義與自由主義的精神。

一個人的人生觀，社會觀，以及世界觀原是根據一個人的際遇、教育、經歷與體驗而形成的。每個人在這個世界上，既無絕對相同的際遇、教育、經歷與體驗，自然也決無絕對相同的人生觀，社會觀，和世界觀的。這也可以說正是人心之不同猶如其面。

只要想想在這世界裡的人，人人的容貌身材相同，這社會將是一個什麼樣的格局；也不難設想，假如這世界上的人，只有一個思想與意見，這世界將是什麼樣一個滋味。自然，人在這個廣大繁複的社會裡，不同的思想與意見都是彼此影響的，因為有這個互相影響，個人才有進步，也因為有這個互相影響，社會才有進步。如果不許人有自由思想，或者一定要人跟一種思想走，這社會也就死僵。我自己不喜歡盲目跟別人思想走，我也就沒有理由要別人盲目跟我的思想走。

可是當某一種思想與意見被一部分人所贊成被一部分人所反對時，往往就有人把它劃分為陣營與集團，在這好鬥與敵異的世界中，又往往把事實倒過來，認為一定先有陣營與集團，而後才有思想與意見似的，這就引起許多可笑的紛爭。我覺得個人的意見與集團的意見有一個很不同的地方，就是前者是不受約束，沒有目的的意見，後者則是受集團的約束，有一個共同目的的意見，甚至有一個共同的意志。我的意見則是完全是個人的意見，既不受任何人約束，也沒有任何目的。唯一的目的只是說出我所思所見而已。一個人表白他的所思所見，也正如一個人的形容表現的形狀一樣，只是表示實有的存在。

這些文章，都是在一九五六年寫的。到現在又過了八年。這八年中，我接觸過許多不同的意見，我雖尊敬這些不同的意見，但並沒有改變我的所想所見，原因是我發覺似乎這些與我不同的意見都有一種時時想領導人或侵略人的趨向，甚至是屬於鳥籠思想的格局。我於是想到，大概想強人與己相同的人，或者說，時時意識到異己思想存在為不順眼的人，總是有他奇怪的一種藍圖，這種藍圖，其用意或者很好，其結果往往是可怕的。

長長八年的時間過去，我的想法與看法仍沒有什麼大改變，這一方面可說我的思想已經定型，不會有什麼長進，另一方面也可說我經過如許的摸索反省後才算是成熟了。

我樂於把這本書在台灣重版，但還是要申明這只是我個人的一些想法，並不想強人相同。正如我的面容一樣，與人之不同處正是我是我，人是人；與人相同的，也正是因為大家都是人。

一九六四、十二、九，北投。

個人主義的觀點與自由的限度

史太林被清算後，報上發表了他死前的照相，其乾萎醜怪同一個待斃溝壑的難民完全一樣，想及其未被清算前，在群眾行列中所捧持之玉照，深覺其修改矯飾之苦心真有甚於神話之編造。絕世才華王爾德，在垂死的暮年，我們在紀德訪晤的記載中讀到的，也竟同蹷居在窮鄉僻野目不識丁的農夫之老年沒有什麼不同。

古今中外，帝皇英雄之求長生，公主美人之求不老者，代有其人，但能異於常人的，最多也只能使屍體多加修葺，墳墓徒作堂皇，碑上由活人寫幾句歌頌而已。

人的生老病死的過程，正如任何生物一樣，是無法超越的，這是生物學的限度，在這個限度下，不但人與人是絕對平等，而且人與生物是完全平等的。

這是一個極普通的常識，是無法否認的事實。可是狂妄的英雄，驕縱的美人們，無論古今中外，都想超越這個限度，那些求仙訪道煉丹尋藥的辦法，經過了無數嘗試與失收，到現在想賴科學的威靈，謀超越這限度的，其心理的因素固然相同，其愚蠢與可笑也沒有多大分別。

受寵於史太林的那些生物科學家，一再宣稱用腺的移殖一類的方法使人返老還童之成就，並沒有挽救史太林於老死。其所享之壽齡不及台灣鄉下的一個老祖母，也可見金錢與權勢，在生物的限度前實在起不了什麼作用。想到那些獻媚於史太林研究返老還童之科學家，實在同獻媚於漢武帝、唐明皇的方士沒有什麼不同。

世上也有不少的便藥，膨脹乳房，縮小毛孔，借科學之名，賴廣告之便，在我們耳聞目睹的人群中，有多少曾經為美人的太太，受其欺騙麻醉，為其愚弄，日夜吞服使用，雖都未見其挽衰起頽，而仍到處尋訪新藥，不斷嘗試。其心理之與以前之求仙訪道，煉丹尋藥實在也並無不同。

所以認識生物的限度，雖然是一個極普通的常識，但能夠秉這個常識，來了解自己也只是一個普通的人的也並不多。大都總以為憑自己的財富權勢與聰明能幹，可以使自己不同於常人，而得超越這生物的限度。真正能夠從生物的限度，來了解自己與人不過是一個無逃於生老病死的生物，我在這裡叫做生物的觀點。

在生物觀點下，人不但與人完全平等，與其他生物也沒有兩樣。但在生物進化過程中，有許許多多的階段。人為最高級的生物，因此與其他的動物在生理機構是有顯著的不同的。

最顯著的是神經系的集中，語言機構的特有，以使各器官分工的加細。神經系的集中也可以說是大腦小腦的發達。語言機構的特有是腦皮上有廣大的區域的神經組織專為管轄語言。而喉部的複雜肌肉也專為語言而安排。各器官的分工加細，如軀幹之直立，腺的調節，手的精巧與其大指拇的分離……

這三者，除語言機構的特有必須另作討論外。其他二者，可以簡單的說，其不同於其他動物的是遠較任何動物複雜而完整。

在複雜上講，人類幾乎不能像動物一樣，能夠有「絕對的健康」。所謂「絕對的健康」，這即是說：一個成年的人，在嚴密的醫學檢驗下，任何器官沒有一點點是失常的。

在完整上講，人類的器官，任何一小部分的失常，可以影響到整個的神經，也無形之中會影響其他器官的運用。譬如齒痛，馬上就會影響到我們的寫字與走路；眼睛有一粒沙子，喉間有一塊魚骨，也可以使我們無心談話與下棋。這幾個例子，是我們可意識到，而人人都有這類經驗的。

其他輕微的失常，而無形之中影響到我們行為的，時時都有，刻刻都有，只是我們沒有意識到就是。

此外，因為有這個複雜完整的肉體，在人類現代生活中並不能人人，也幾乎沒有一個人是完全合於生理的健康在生活。譬如睡眠不按時，飲食不按量，起居無規律，娛樂無節，工作無度，以及吸菸飲酒，五味的嗜好……等。而疲倦時的情緒，女人經期時的脾氣，消化不良的態度也可以使生理上任何器官有暫時微小的失常。

這就是人的生理限度，認識這個生理的限度也只是一個常識。可是大多數的人都在否認這個生理的限度。以為一個偉人什麼都不會錯，一個英雄可以超越這生理的限度，可以有超人的能力，能日理萬機，而清明正確。那被稱為英雄的人，也往往自己忘了自己生理的限度，以為事無大小，經他判斷處理，絕無錯誤。

有人說拿破崙小腹上有一個癬，他的東征西討，使千萬生靈塗炭的可能只是癬上的細菌的刺激。希特勒神經之不正常，現在已沒有多大問題，他的命令有許多實在也不過是瘋人的囈語，可是他的黨徒們竟可奉為神聖。許多獨裁者的言行與命令，被彼無數黨徒所信奉的，細想起來，至少一大半是他在健康失常時的變態，（因為世上既無絕對健康的人，而一小部分的失常可以影響整個的行為。）而一小半則是他的太太健康失常時給他的刺激。再細究下去，這些行為實際上不過是受細菌的支配罷了。

我這些話也許是過分，但是一個人如果對於人的生理限度有點認識，能謙虛地憑這個常識了解自己與了解人，他一定不會相信一個獨裁者的意志與判斷可以完全是對的。

真正能從生理的限度來認識自己與人的觀點，我在這裡叫做生理的觀點。

我上面說到人類特有的語言機構應另作別論，這因為語言是人的精神生活。

人類的思想，現代心理學已經認為只是不發音的語言了。文字，不用說只是語言的紀錄而已。一個啞吧與聾子，他雖不會發音，但是他仍可以用手勢與嘴唇的動作來表示語言，以視覺來代替聽覺，文字也是一種以視覺代替聽覺的語言。繪畫是文字的支流，音樂則是語言的支流。

人類有了語言，方才有文化的傳遞與累積。科學、藝術都是由人類特有語言機構而起。有了語言，我們才有特殊的記憶，想像與思想。

動物只有感覺與反應，人類則有記憶、想像與思想，如果這二者的行動與表現都稱為行為的話，這二者又是多麼不同呢。

十九世紀下半期，新興一種科學，是專門研究人的行為的背景的，這就是心理學。一百年來，它已經有很大的成就。因生理學、遺傳學、神經學的進展，心理學也跟著豐富發達，其中派別很多，如行為主義，完形心理學等，我在這裡也無法一一介紹。這些派別，雖有不同的意見與觀點，可是其理論，因為大都是根據許多實驗的結論，所以反而是互相補充的。而許多心理上的事實，儘管有的還有各種不同的解釋，但許多已成了無法否認的原則：如人的心理無法不根據生理，一切習慣都是由交替反射養成，人的基本動機不外於自身生存（食慾）與種族延續（性慾），許多冠冕堂皇的話不過是一種解嘲（rationalisation）……而心理的絕對永久的正常，比生理的絕對健康還不可能。

自從心理分析學發達後，大部分心理現象都有哲學的解釋，雖還未完全得到科學的證實，但上述的一些事實，則也已經是一個普通的常識。因此一個人的行為，就有他心理的限度。雖可有伸縮，但其極限之不可能超越也是一樣的。

不管有什麼美麗的口號與自誇的信仰，要說有大權在握的共產黨幹部，仍能同貧苦的無產階級一樣生活，這是不可能的事實。但竟有人相信，或者是曾經相信。自從王實味暴露延安的生活以後，中共批評平均主義為小資產階級的思想。其實小資產階級如果不相信共產主義，怎麼會要平均主義，真正的平均主義正是共產黨自己宣傳的主義。倘若共產黨的幹部在革命後，享受的都是資本家的享受，那麼無產階級要信仰共產主義幹嗎？這只要用素樸的心理而不必賴學理就可以了解的推理。

了解這個心理的限度來認識自己與人，再來看這個社會；這個觀點我在這裡稱之為心理的觀點。

上述這三個觀點，生物的、生理的與心理的觀點，就是我要說的個人主義的觀點。

個人主義者站在這三個觀點，因此覺得社會不過是為一個一個的人便於生存的集合。社會就必須是為一個一個的個人的幸福而存在。一切社會的設施與制度必須以一個一個的個人的幸福為原則。

這裡要說明幸福這個名詞。幸福這個名詞的意義可以說每一個人都有不同的解釋，甚至每個人隨時隨地也都可有不同的想法。

因為每個人的不同，所以每個人就須要選擇的自由；如沒有選擇的自由，其他的幸福是談不到的。

因此，所謂幸福之門即是自由。關於自由為幸福之門，以後還要談到。這裡因為已經用了自由這個困難的名詞，我不得不要把我所了解與想到的談一談。

自由這個名詞，不但一般社會上已經用得混亂非常，即使在思想學術的領域中也變成有各種的涵義。學者曾經有過統計，說自由這個名詞至少有兩百種以上的定義。而在學術上所討論到的自由，因每種學科的對象不同，此所談的內容往往是名同而實異，在政治與經濟學，在法律與社會學，在遺傳學，在心理學，在倫理學中，幾乎都牽涉到這個名詞，不但各種學問裡所用的概念並不一致，即是每種學問不同的學派所用的也有不同的涵義。如果要從自由這個概念，談到意志自由的問題，則幾乎要牽涉全部哲學的哲學思想。因為有許多哲學家是屬於決定論的，他根本認為人並無自由意志，一切的選擇，實際上不過是一個因果律的連鎖中之一環，因此也就談不到其他的自由。同時因為人的意志是否自由的問題，也就會牽涉宇宙論上的主張，神學上神的概念。

因此要窮究自由這個名詞的涵義與其所涉的學說，並不是這篇短文所能做而想做的。我所想試作的也正是要擺脫這一切學院式的討論，而直接了當從常識出發，對於自由有一個非常切實的認識。

我上面曾經談到自由為幸福之門，即是說有了自由以後才可去「找」幸福，因此自由為幸福的先決條件，並不就是幸福的本體。

幸福的本身是因人因時而不同。有人以為財富是幸福，有人以為愛情才是幸福。有一個青年，他以為唯一的幸福就是到外國去留學，可是到了外國之後，又覺得不如在自己家庭生活為幸福。戀愛時的青年，都以為能夠結為夫妻是人世最大的幸福，可是結婚後變成冤家，認為最大的幸福就是與對方走散了。所以所謂幸福這東西，乃是自己都不能預知的東西。

但是用我們生物的觀點與生理的觀點來看，幸福在自由先決條件之中，就已經有了兩個先決的假定。第一就是生物觀念上的存在，第二就是生理觀點上的健康。

倘若人已經死亡，也就無所謂自由與追求幸福。倘若人病倒了，也就失去了自由，也無法追求幸福。

對於健康這個概念，社會上所習用也是非常混淆，到醫生那裡去檢查，我上面已經說過，並無「絕對健康」的人體。最聰敏的對於健康的解釋，就是「不想到」。譬如你牙病，是不健康，到醫生那裡拔去病齒，那麼你缺了一粒牙齒，嚴格地說也是不健康。可是拔了牙齒以後，我們可以「不想到」它，所以我們就可以說已經恢復健康。

這個「不想到」，不用說，也就是自由。如腿傷臂腫，也就是失去腿與臂的自由。所以健康實際上只是自由的一種，也即是人體活動的自由。談到人體活動，各人的限度也不相同，有人可舉重四百磅，有人一口氣能走一百里；有人則只能舉重八十磅，有人一口氣只能跑四十里。到底什麼樣的標準算有自由呢？一般的衡量往往用身高與體重的比例，這在某一方面是一個標準，但不是一個可靠的標準。因為神經、心臟與血壓根本與這個比例沒有正比例的關係。

我覺得對於健康的解釋，莫若用諧和這兩個字；我並不相信中醫五行生剋的說法，但中醫要求人體機構有和諧的運行，則正可以做一個健康的說明。我們平常所謂健康，既然以「不想到」作標準，而這「不想到」則正是諧和。

諧和這兩個字可說來自美學，一幅畫的顏色，一曲音樂的音調，要完整就必須諧和。一切山水、花木、昆蟲、禽獸之外形幾乎是無不趨於諧和。這當然是題外的文章，我不想多論。人體因其完整與複雜，其各器官的配合，如神經的傳達，呼吸，循環，分泌，消化的各種機能，以及四肢的動作，無不處處要求諧和，至心理與精神的健康，更不能例外。消化力強而吸收力弱的人一定是不健康，某種分泌特多，馬上可以有病象出現。肌肉特別發達而內臟衰弱的人也不是健康。諧和並不一定是一致，有時候是對立，有時候則互補，某種器官不發達，某種器官往往特別敏靈。某方面聰敏的人，另一方面可能很笨。但就整個來說，人體機能運行，只有諧和才能算是可以「不想到」，也才是自由。所以，人的最基本的幸福，如果說是健康的話，健康也只是自由的一種。而自由也就是諧和。

個人主義者，從生物的生理的、心理的觀點，看到人是社會的單位，看到人根本就是一種追求自由的動物。人在求自身諧和之外，賴學習以謀取與外界諧和，多獲一種諧和也多獲得一種自由，多獲得一種自由也就多一種諧和。

野蠻人必是先與世界謀得諧和才能夠生存，嬰孩必是先與父母取得諧和才能夠生存。所謂鬥爭殺戮都是因為謀取諧和而失敗以後的事情；而鬥爭殺戮也只是與整個的環境謀取諧和的一種方法。一切的知識，也都是為與外界或其他的人或自己心靈謀取諧和生存而存在。

譬如游泳的學習就是要與水謀取諧和，因其獲得諧和，所以游泳的人在水裡可以自由自在。一個人到國外，首先學習語言，也就是與環境取諧和，可以有更大的自由。即使是研究純粹的科學，也就與所研究的對象謀取諧和。哲學則是與自己的想像思想謀取諧和。一切藝術的創作，如果用心理學昇華的學說來說，則竟是創作者為求自己的心理與生理的諧和了。

因為獲得諧和也就獲得了自由。因此社會上人與人的交往，一切的制度與生活，應當是使人與人得以和諧相處，而使每個人有更大的自由。

人只有在與人諧和，人才有更大的自由。這在我們日常生活上很容易經驗到的事情。譬如我們去參加一個陌生的宴會，人人都穿中裝，自己一個人獨穿著西裝，你就會覺得不自由。這就因為你與大家不諧和，可是倘若這個宴會中的人都是你的老朋友，你就不會覺得這樣不自由。這因為你與這些人之間，早已有更大的諧和，所以你對於外表一點不諧和，可以「不想到」。如果你預先知道那個陌生的宴會大家都穿中裝，你一定也會穿中裝去，假如你沒有中裝也許就不去參加。假如你想參加，而因為沒有中裝而不參加，你可能要罵別人為什麼規定穿中裝。這就是鬥爭的開始。

當你無法與環境諧和之時，你就是逃避；你甚至有一種酸葡萄式一類的自慰。——這在心理分析學中，就是ego的保衛機動。許多不會游泳的人，當許多朋友去游泳的時候，也無法與大家謀取諧和，他會說他根本不喜歡游泳，或者說游泳是野蠻的行為；許多不會跳舞的人，當許多朋友去跳舞的時候，他無法與大家謀取諧和，他會說跳舞太肉麻，他不喜歡，或者說這是有傷風化，應當禁止。

到了所謂武斷地說了應當禁止的話，這就已經到了仇恨的態度。所以一個青年如果對於環境始終不能取得諧和，到處受到阻礙，感到痛苦不安之時，他第一步是孤僻，第二步就是仇恨，這是很容易走向用暴力報復或革命的路徑。所以走到這一條路的青年，在心理分析上講，多多少少是不健全的。但是這不是這個青年之罪。與環境謀取諧和，固然要賴自己的努力與學習，可是社會上也正是有許多的限制，使他無法與人去謀取諧和，譬如因貧窮而失學，因家庭之虐待等等。

所謂取仇恨與鬥爭的態度，目的是他要創造一種使自己可以諧和的環境。或者說他要用暴力使環境遷就他，成為一種諧和的局面。

人的自由雖可靠努力而能與各種環境謀取諧和而擴大，可是還是有限度，這限度就是生物的限度、生理的限度與心理的限度。此外則是文化的限度，與社會的限度。

文化的限度是人類祖先所累積下來的，譬如我們的祖父時代，旅行的自由就不能同我們相比；因為現在電報、電話、電視的發達，我們與外界的交接也有更大的自由。社會的限度則是我們所生的家庭，所處的環境之地位，與經濟上的限度。

人因為社會之不平等，經濟之不齊，機會的不均，往往使任何努力都無法與社會取得諧和，這就可以變成孤僻偏激而仇恨。這一種心理，也可以說是變態的開始。當社會黑暗腐敗，公道不存之時，可以使許多人與社會取敵對的態度，這時代也就成為不正常的時代。這不正常的時代就會為產生兩種人生態度，一種是逃避，一種是鬥爭。在這樣的時代，人就失去了「人」的觀點，而產生了「我」的觀點。我的觀點正是把我與其他的人對立的觀點。而處處意識到別人對我的輕視與威脅。一個人處處時時意識著「我」，正如失去健康的人時時在想到肉體上有病的某一部分一樣，嚴格地說，也正是一種不健康。

由於這種我的意識，明哲之士，看到人類社會如此不諧和，就要謀解脫與改造之法。解脫是逃避這不諧和的世界，追求精神上、靈魂上的諧和，這是出世的。道家、佛家可以說是這類的代表。改造是想把這個不諧和的社會改造成諧和，於是就設想了一套改造社會的理論與計畫。儒家、法家可以說是這類的代表。

還有一種，則就是自我主義，憑意志與力來超越眾生，或是憑情熱與空想來發展自我，或見諸行動，或見諸思想，或表現為文藝。英雄如劉邦、項羽、拿破侖；思想家如叔本華、尼采、盧騷；文學家與藝術家如法國浪漫派的一些大師。這些人大都是暴政亂世下變態社會的產物，甚至其本人精神也不正常。我們讀尼采、盧騷與叔本華的傳記，就可以看到他們的心理多少都是病態的。瘋狂見諸行動的英雄，希特勒就可成為最標準的典型了。

人一出生本來就有「我」的認識，但在與父母兄弟同學鄰人……等無數無數次謀取諧和的學習中，「我」的認識，就很快建立了「人」的認識，每個「我」都知道人人都有一個「我」，每個我由與人謀取諧和而自由，所以基本上人總是與人謀處諧和，可是當社會排斥他，或自己無法與社會謀取諧和之時，經過多次的挫折、阻碍、打擊，他又回自我的意識，因此他就要用意志與力突破那個社會的限度了。如果一旦成功，他成了英雄，控制世人，改造了世界。這就是說，當他的自我已征服了社會的限度以後，他就會想突破更廣大的社會的限度，因此這些成功的英雄，永遠有一種變態的心理，以為除了征服別人以外，是無法與人謀取諧和的。古今中外，窮兵黷武而不能自制的心理都是這樣。不但如此，他同時就以為以自己的權勢也可以超越文化的限度，心理的限度；甚至超越生理的限度與生物的限度了。

所以自我主義可以說是一種變態社會中產生的變態心理的一種思想。自我主義是由「我」出發的觀點的一種極端的態度。許多由「我」出發的思想，當然不會是變態心理的產物，但是也正是變態社會的產物。他們都想憑自己的智慧、修煉、用功，從人生廣博的知識中想出一個永久的改造社會的全盤理論與計畫，以為根據他的計畫，社會就會諧和，人人都會幸福，其用意也許是好的，但是個人主義者則無法相信他的計畫有完善的可能。

這因為個人主義的觀點是常識的，平凡的，是老老實實承認生物的、生理的、心理的各種限度。他認為這些由「我」出發的思想，其出發點都是求自我超越社會的限度；一切的重造社會的藍圖與計畫，乃是謀取超越文化的限度。一個在他存在的文化階段中想建立一個適用於萬年的計畫，在常識上，這不但已經超越了文化的限度，而且是已經超越心理的限度了。

這些由「我」出發的思想，總以為自己能超眾絕俗，不是近乎仙佛，視芸芸眾生待「我」去超度，即是自認聖賢，視熙熙攘攘之販夫走卒，待「我」去排列與改造。到了自我主義，更可進而視工農貧民為工具，待其領導，為其奔走了。

這些不管其理論如何高超，學說如何動人，在個人主義看起來，總覺得是無法接受的。

個人主義者第一要承認，我與人決無不同，因為人人都有一個「我」。個人主義固然也認為人有智愚之別，但「我」不一定就是最智，而智於某一方面者，必愚於另一方面。其次智愚之別，等於人之高矮，面部之長短之有別，於人之為人，並沒有分別。人與人相處，謀取諧和；有比我愚者，必有比我智者。合作、互助、互補、互尊，才是諧和之最高理想。

第二，個人主義者站在生物、生理與心理的觀點，相信世上決無全知全能的人。而且上智的人隨時隨地可因疾病，因衰老而變成下愚的人。因此個人主義只能按事按理接受一種意見或思想，無法永遠不變的服從一個權威。

第三，個人主義對世界社會一切藍圖的思想都無法接受，藍圖思想則是由我出發思想的特徵，聖賢英雄想改造的世界都是他的自我之藍圖思想。

藍圖思想，目的都是想使人類與後裔幸福，但個人主義者認為其結果永遠是不會兌現的，因為即使實現了，人類後裔也絕不會幸福的。

在中國，我們祖父一輩，對家庭兒孫往往有一個藍圖思想，他要兒子就什麼職業，娶什麼樣太太，孫子讀哪一種書，同哪家配親，將來過什麼樣的生活，甚至哪一間房間做什麼用都有一個清晰的藍圖。這藍圖原是非常細緻的顧到兒孫的幸福，可是到了兒孫的時代，在這藍圖中的生活永遠是一種痛苦的悲劇。

藍圖思想也可以說是鳥籠思想，鳥籠思想是照著自己的設法，根據他的藍圖造一個自以為完美無比的鳥籠，叫鳥兒來住在裡面。如果鳥兒不喜歡這個鳥籠，要往外飛，那麼這個辛辛苦苦設計製造這鳥籠的人，一定會說他是下流與反革命了。

個人主義者則覺得人人都有個性與尊嚴。以鳥兒來做比喻，為想到鳥兒的幸福，即使要多與鳥兒相處，則只能多種樹木，讓鳥兒自由來去。有些鳥兒愛某種樹，有些愛另一種樹，那麼愛哪一種鳥兒就該種哪種樹。因此，這可說是樹林思想。

鳥籠思想的人相信世界可以根據理論與計畫將世界改造為十全十美。樹林思想的人則相信人只能點綴世界，由點綴而豐富；但世界則永不會十全十美。一個人到了世上，他對他世界或多或少的貢獻都是點綴；想根據藍圖改造世界，要使世界十全十美的，都是禍害多於福利。樹林思想者只想在世界上加點什麼，增進人類的諧和與自由，等於在山上多種一些樹木；鳥籠思想者則想照他的意思去改造世界，並把人類排在他的藍圖中一定的地位，以為這樣是使他們有最大幸福的辦法，正像把鳥兒放在一定的籠中一樣。

樹林思想雖是不贊成鳥籠思想，但如果鳥籠思想只是算作一種點綴，而並不強迫鳥兒入籠，或者竟是開著籠門，掛在樹上，讓鳥兒自由出入，那麼這在樹林思想的觀點看來，覺得也不是壞事。

樹林思想是個人主義者對於文化教育的一個基本思想。它的態度是認為在文化思想上我們人類只能使其豐富，而並不能使其完美。豐富就是使我們的後裔有更多的選擇，也即是說有更大的自由。想用一種學說，一種主義，一種教條，要統治世界的都是鳥籠思想，這種思想基本上是束縛自由的，即使在某一個短時期內，這種教條可以使社會安定，也一定不是一種諧和的安定，而個人主義者可以想到它在動搖崩潰時一定有很大的衝突不安與可怕的鬥爭。因此除非為維護自由，在某種特殊情形下，有必要作短時期之施用，用後隨即放棄外，個人主義者是絕無法認為任何藍圖思想是有益的。

所謂「自由」的說法，上面已經談到不少；說自由就是諧和。如果說是諧和這個名詞還是有抽象的話，那麼不妨說是「不想到」。這意思就是說自由就是自由自在。我們已經說到人的自由最根本的是健康，健康只是「不想到」的境界。這個境界，我們每個人都在經驗，很容易體會，當你頭痛的時候，你必須時時想到頭痛，頭痛痊癒，你自然而然不用去想到，這就是自由。所以說自由不必借汁麼深奧學理來詮解，是人的自然的一種要求。因此，緊張、恐怖、憂慮，可以說都是不自由。一個人如整天憂慮生活，恐懼有人跟踪，緊張地準備與人衝突，這就是失去自由。

我們知道馬克思、列寧的學說，根本就是一種藍圖思想，也即是鳥籠思想。而活在鳥籠中，人絕無自由的。但他在爭取群眾的口號中，所號召的就是自由，多數人肯從它，就因為他們都在不自由中生活，對自由的一種嚮往。

上面談到自由本是有限的，一個人如果不認識這些自由的限度，往往會把生物的限度，生理的限度，心理的限度，文化的限度，統統算到社會的限度上去，這時候不平、仇恨之心就很容易發生。我看到許多中年的婦人因為突然的衰老，總怪丈夫不爭氣，不會賺錢，她必須每天勞作，所以老得這樣快。這也就是把其他的自由的限度諉到社會的經濟的限度上去了。

在樹林中生活的鳥兒，因風因雨，它不一定絕對的自由；如果他不認識自由的限度，也不了解鳥籠生活為絕無自由的世界，他是很容易相信鳥籠是一個自由的天地的。

因此，如果說現在的人類正是在受著共產的威脅，而自由世界必須謀一對策的話。那麼，我們必須徹底了解共產主義不過是一種鳥籠思想，是與自由無法並存的，他的「自由」的口號，完全是一種欺騙；我們也必須知道，我們在樹林中自由生活的人，雖是自由，但並非沒有限度。這限度是生物的限度、生理的限度、心理的限度、與文化的限度；另一方面，我們的社會必須徹底保障人民的民主、自由與平等，也就是說，對於社會的限度，應盡力使其減少與改進。

因為，第一，如果不了解什麼是鳥籠思想，在樹林裡的鳥很容易被鳥籠上自由的廣告所欺騙；這就是英美社會中的一些青年傾向共產主義的原因；第二，如果不了解人的自由的限度，也往往會把這些限度看作是不自由，因而以為共產社會可以有更多自由。第三，如果我們的民主社會對於人民的民主、自由與平等不作保障的措施，對社會的限度，不作盡量減少與改進，則人為求自由的必要，就會把理想寄於他所不懂的鳥籠思想上去。這鳥籠思想，即使不是共產主義，也會是幫口或是別的。

這因為自由是人生的基本要求，人如果求幸福的話，他求的就是自由。這因為人的最基本幸福是健康，而健康也即是自由。而人之所以集居成為社會，就是為求更大的自由。一個人不能做的事，兩個人可以做，兩個人不能做的事，四個人可以做，這都是為求個人的更大的自由。因此人性所要求的本是與人諧和合作與互助，並不是鬥爭，因為鬥爭的本身是限制自由，縮小自由。鬥爭乃是起於求諧和而不得，乃是非所願的事。

但是人因為本性是自由的追求者，所以人要不斷的擴大自由，人的擴大自由是多方面的。身體強壯的人，如一天可走的兩百里路者當然可說比一天只能走六十里的人為自由。在技能、知識方面也是如此。會游泳的人，當然可說比不會游泳的人為自由；懂得地理的人，也當然比不懂地理的人多有自由。其他任何學問都是如此，它總是使人在知識上、思想上有更多的自由。文學藝術也可使人在想像與情感的表現有更大的自由。在人與人的交往講，多有朋友的人也當然比多有仇敵的人有自由。

但是，人是有生物的、生理的、心理的各種限度。人的生理沒有絕對的健康，人的心理也沒有絕對的健全。在複雜的人生中，人的自由的擴展往往隨生理、心理、文化的因素而有所偏，這就是說，人因其天才與興趣的關係，他總是因性之所近而向那一方面去擴展。如大力士，他天天專心練舉重，只知道這方面自由的擴展，因而對心靈上的自由，茫無所知，並不求擴展。如一位詩人，他偏於向想像方面擴展，生活不注意，身體很衰弱。這些偏向發展得過份，這就是會忘去人的限度。當他的自由無法擴展，而仍想擴展時而受打擊，如拳王喬路易，他在三十六歲時還以為可以擊敗二十九歲的人，因而遭遇失敗。一個詩人往往因忽略生理的限度而夭折。在複雜的社會中，人與人利益不一致，人與人的意見與思想並一樣，原是當然的事；而人的自由之擴展，又各有各偏。因此人的活動的自由之受阻礙與遭遇打擊，是隨時隨地可有的事。這些阻礙與打擊往往使人走向仇恨、敵視與鬥爭。因而只意識到自我，而用暴力去擴展一己的自由。譬如一個男人愛一個女人，他當然是要求謀取諧和，但是女的對他毫無興趣，他遭受了阻礙打擊，往往就會變成仇恨，採取暴力。這在社會新聞上是常見的事。如果這個男人在別的生活方面也遭遇到打擊，他很可能把所有的不幸的遭遇都想到是由女的不愛他之故，也可能把那個女的不愛他想到別的原因上去，如因為他之失業與貧窮，因而把仇恨轉向社會或其他方面。倘若這個男的是有權有勢的人，他很可能用種種方法把那女的強迫娶來，置之金屋。（這種事情，在中國很多。）如果女的還要頑抗，他也就會對她虐待或殺害。總之，因不能與環境或某一對象謀求諧和，而走向仇恨、鬥爭的變化是隨時可有的事。其實所謂仇恨鬥爭，目的也還是想尋求諧和，擴大自己的自由。不過這是從自我出發罷了。由此而形成的主張與思想，也一定是鳥籠思想。

從生物的觀點，生理的觀點與心理的觀點來看人，我們無法接受鳥籠思想。因有這種思想如實現，我們社會就變成了這個思想所設計的鳥籠了。一切制度、法律與規約，其產生原是為求社會的諧和與個人的自由。而任何社會法律都應為保障個人的一些基本自由，這基本自由列為項目乃政治家的事，但這裡的結論是：這基本自由必是人人得以尊敬、同情與愛，去與任何人、任何技術、思想、學問謀取諧和的權利，這也就是真正的人權。

由於人的根本要求，我們特別重視個人的自由；由於人的各種限度，我們特別不相信「自我」的完美。因此由自我出發的思想與英雄，用設施與計畫的方式，說是可以給我們更大的自由者，我們很容易辨別出他是束縛我們自由的思想。這可以說是一個個人義者對於自由的認識。

個人主義這個名詞現在已經用得非常混淆，這在西洋也是如此，在中國被誤解濫用尤甚。這裡所說的只可說是我個人所採取的一個態度與觀點，同別人所採取的個人主義的立論有許多不同。許多個人主義者有一個宗教的信仰，他們從上帝的角度看到個人的平等，看到「我」是一個人，與人人都有一個「我」；我則覺得宗教信仰是另外一件事，「人」的觀點可以從交替反射來獲得，一個嬰孩在成長中，很快就建立了。許多個人主義者對於人與人的集居，愛用契約的解釋，諧和說則也是我個人的意見。許多人從民主的政治立場因而想到非主張個人主義不可；我則從人的觀點與人的基本限度來主張個人主義，因此在政治思想上相信民主則是必然的結論。這都是個人思考與體驗的歷程的不同。

一九五六、八、二二。

個人主義與英雄主義

一

羅素曾經在他著作裡談到，人也許有一種祖先好鬥爭的蠻性的遺留，他以為人類如能在遊戲、體育、球賽等多發洩這種好鬥的情緒，一定可以避免戰爭。

羅素的意思就是說人的本性中就有好鬥的成分，因此人類就無法避免戰爭，唯一的方法就是引導人類作無害處的鬥爭。

叔本華以為人類所謂痛苦，就是意志之受到阻礙，意志如果突破阻礙，那就是快樂。這也就是說人們永遠就以鬥爭的態度在對付環境以及一切人生的際遇。叔本華的意志說也可以說是人類好鬥的本性的註釋。而這樣的本性，則即使用疏導到體育球賽……一類的無害的鬥爭的方法，恐怕也不會見效。因為人類的欲求是多方向的，他的意志的伸展也是多方面的，並不因有了無害的鬥爭，就可以滿足其他意志的活動。

人類的本性是否真有好鬥的成分，這好鬥性是否可以疏導發洩而轉移，又是否一定不能因進化，因教育而消泯，這在學理上還不能有完全肯定的定論。但有一點我們知道：自有歷史以來，人類還沒有脫離不賴鬥爭可以生存的環境；自有教育以來，人類也還沒有完全脫離教孩子成好鬥好爭的教育空氣。

分析人類鬥爭的對象，第一當然是自然界，第二是傳統的文化思想與知識，第三是人的自己的心理，第四是其他的人，即所謂人與人之間的鬥爭；而人與人的鬥爭還是由上面三種而來，如自然界財富之爭奪，信仰與風俗的衝突，如一部分人之自尊心、優越感之被侵犯。

如果人性中真有好鬥性，而這好鬥性是可以疏導的，那麼我們正應該使人與自然鬥爭，許多自然科學家如物理學家、化學家、細菌學家等都在與自然鬥爭；或者使人與傳統的文化、思想、知識鬥爭，許多哲學家、社會科學家——歷史的、經濟的、社會的，都在與傳統的文化、思想、知識鬥爭；或者使人與自己的心理鬥爭，許多文學家、藝術家都是在與自己心理鬥爭中創造作品。如果這樣的疏導可以成功的話，那麼人類的戰爭當然是可以避免的。

我覺得人類的衝突與戰爭都是有原因的。這原因可以是物質上的財富，或者是精神上的信仰。叔本華所謂意志的被阻，就是指未能達到這些物質的、與精神的對象而言。至於人與人的衝突，則是因為另外一個人阻止他接近目的。所以倘若人可以直接與自然，與傳統的文化、思想、知識，與自己的心理去鬥爭，人與人的意志也就不會有什麼衝突的。

而羅素要把人類的好鬥性向球賽體育方面疏導，就覺得反而養成了人離開了實際上的目的，而使人與人為假定的目的而直接鬥爭了。實際上，這種疏導，恐怕反而是使人與人鬥爭的一種培養。我不知道體育的發展史，但我相信這種體育上的鬥爭，恐怕也正是一個尚武的國家，為培養兒童鬥爭精神，以作將來與異族鬥爭之準備，而創設、而發展的。

在我所身受與我儕輩所受的教育中，似乎並沒有離開教人與人競爭。人與人競爭可以說是說是一種廣義的鬥爭。我覺得這就是提倡自我，發揚英雄主義的一個教育。

在學科上，不使兒童了解某一種學科的意義，不引導兒童直接對於某一學科發生興趣，不使兒童直接克服知識上、興趣上的阻礙，而鼓舞兒童為與同學競爭而用功，這可以說近代教育上最大的一個缺點。現代先進的民主國家，自然已有不少的改進，但並未完全脫離人與人競爭的鼓勵。單純的叫人與人競爭，可以產生許多弊害。第一是看重分數；第二是討教員喜歡；第三是產生妒忌隱恨的心理；第四是不顧自己的興趣與健康；第五是專門為考試而讀書；第六是增長了學生的虛榮心與好勝心；第七是許多學生，雖是程度上跟不上，也不想降班或留級，以為降班與留級是奇恥大辱；第八是自大心理與自我心理的養成。這些只是我所想到的弊害，恐怕真正的弊害比我想到的還要多。但這些弊害，可以總括一句話，都是來自使人的興趣永遠移到直接與人的競爭鬥爭上。這種興趣，也即是使人的自我與他人分離，永遠意識著我與人成了對立。繼之而起的可能是小集團的形成，集團與集團的競爭與鬥爭。這樣的人，往往就無法離開人而可以自己對學問、事業有興趣。許多在學校理讀書很用功，很有希望的人，一出學校就再無興趣看書；他到了另外一個社會，又是把興趣放在與人競爭與鬥爭上面去了。

等到人對一切失去了興趣，只是對與人競爭鬥爭上發生興趣；這就是很容易被集體主義所誘惑，而參加祕密集團如黑社會、如幫口、如法西斯、如共產黨了。

二

在複雜的社會中，人與人的衝突是難免的。可是在民主制度下與極權制度中人與人之衝突有一個很大的分別。

在民主制度下，人的競爭與衝突一定是為什麼利益，不管是物質的或精神的。這就是說，是因為利益的衝突而形成了對立的。可是在極權制度中，人的衝突則是直接的人的衝突，利益的獲取只是勝利者的象徵。人與人的衝突，集團的衝突，變成了一種先天的對立。

由於人與人單純的先天性的對立，就有集團與集團的對立，這裡也就產生兩樣東西，一是英雄主義，二是個人崇拜。

個人崇拜原是從英雄主義而來。這可以說正是集體主義的產物。英雄主義的根源就是自我主義。個人時常意識我，使我與儕輩競爭，不斷地謀領導儕輩，超於儕輩，這就是英雄主義。英雄主義也正是人與人，集團與集團直接的競爭與鬥爭而產生的一種態度。我們自然也可以說許多自然科學家、社會科學家、文學家、藝術家也是英雄，但這不是我在這裡所論的英雄主義，英雄主義所指的正是以人為對象在競爭鬥爭的一種態度。

當人的興趣被引到人與人的競賽與鬥爭後，人往往永遠追求著這些競賽，人 人都要做不平常的人，要做別人所不能做的事情。這種態度，在壞的方面發展，就是人不能安份守己，不願守秩序，不尊重法律；他們要求特權，他們在社會上要有特殊的面子。在青年中，其最壞的表現就是阿飛主義（hooliganism）。黑社會的流氓與白相人也正是同一典型。他們用集團的組織成了一種特殊的、超於社會的勢力，他們使別人必須「買他帳」，否則他可以打擊你，損害你。逐漸地，他們造成了一種上海話所謂「吃得開」的地位。

這些「英雄」，要出眾必須形成集團，形成集團後，人在某集團愈表現英雄，也就愈成為集團的領袖。所謂黑社會英雄，也正是這類集體主義英雄的典型。如果獲得了政權，他就是黨棍與官僚。現在如果還有人記得共產黨在抗戰前後，怎麼樣在文化運動中展開而操縱的，一定可以想到他們所用的方法正是爭取、打擊與自拉自吹的方法。這些方法，也正是使集團的努力擴大而成為社會上的優越。

阿飛主義的青年，對於不參加他們的人，不惜用種種拉攏與打擊的方法來爭取。爭取了許多人，就加強了他們的勢力，勢力愈大，爭取愈易，社會上也更對他們「買帳」。

共產黨在抗戰前後的文化運動也就是用同樣方法。他們操縱了報刊，跟他們走的，他們捧你，不跟他們走的，他們打擊你。後來甚至可以使一個不跟他們走的作家無處發表文章，不跟他走的劇作家無機會上演劇作，不跟他們走的演員無處演戲。

這些成功，所利用的就是自我的英雄主義。英雄主義，阿飛主義，白相人，地痞，流氓……都是有他的集團，他在集團裡有集團競賽鬥爭，對外又不斷與人競賽與鬥爭，作超凡絕俗的表現，而追求異於常人的地位。

這些可以說是壞的方面。好的方面發展，自然也可以產生戰場上的英雄，運動場上的健兒，俠義小說裡黑暗社會中劫富濟貧的俠客。日本武士道，中世紀騎士等，也正是所提倡的好的典型，也正是社會上大家都認為英雄的角色，用不著我來多為說明。

總之，上面所說壞的英雄與好的英雄，有一個共同點，就是他要求出俗超眾。而出發點只在與人競賽與鬥爭。

倘若一個人之出發點不在與人競賽鬥爭好勝上，而在他個人對於他的工作、事業、學問直接有興趣與責任感，而專心出於克服自身的困難者，那麼即使你稱之為英雄，也不是這裡所說的英雄主義。這一點我們必須先弄清楚，因為一個發於直接對於工作、學問、事業有興趣的人，同興趣放在與人競爭鬥爭上的人，雖然其表現可以是一樣，可是其性質與氣度，是完全不同。第一，他不會妬忌優於他的人，他絕不會破壞別人的成功，他也不想與人競賽，他只是照著他的興趣，他的正常生活，安份地盡他的責任。第二，尊敬別人的成就而並不自卑。第三，他對於較他低拙的人絕不驕傲與看不起，對於後進的人他一定願意盡力幫忙。第四，他可以與人合作而並不爭功……用比喻來說，興趣在與人競爭者的人生如賽車場的競賽，永遠注意著別人，而面紅耳赤地想超出人家，興趣在事業與工作者的人生則如馬路上的交通，各人駕駛各人的車子，按著秩序，不與人衝突。憑著自己車子的性能與個人的興趣，自自然然的向前駛去。

三

提倡競賽，提倡英雄主義，這在貴族社會，軍國主義，帝國主義，種族歧視社會中一直奉為正途。但到二十世紀，當民主自由思想漸漸地成了一個有體系的理論，因教育心理學、兒童心理學等的發達，民主社會中一般有遠見的人，開始在教育上作另一種努力，如鼓勵學生對於學問直接發生興趣，如考試不列名次，如不讓學生注重別個學生的成績，以及如道爾頓制教育的一類實驗。這些在先進民主國家已經是非常普遍。所以未能徹底的往那方面走的，是因為：第一，國際上還在走競賽的路線，第二，社會中有種族歧視的成見與對立，第三，一般社會人士及大部分家長的頭腦落後。這些代表英雄主義的連環圖畫與西部電影，正是為適應許多數落後人士的市場而產生。而其影響，絕不是極少數有遠見的思想家、教育家一時所能轉移；但是隨著社會的進步，新的思想的普及與有識人士的號召提倡，配合民主自由的思想與社會，英雄主義的思想，競賽教育一定會逐漸無法存在的。

可是在極權主義的國家就完全不同了。極權的國家的集體社會本是英雄主義所造成，而英雄主義也是集體的產物。而有了集體以後，個人無法獨立，而必須依附著這個集體，盡力的與人競賽鬥爭，而表示英雄，向頂上爬攀。在民主自由的社會中，因為有自由的學術、事業、工作可以讓人選擇而成為興趣。這就是說，人可以直接的對學問、事業，或甚至對利、對名、對安全作追求的努力。在極權的社會，人已經無法有這些目標，唯一的目標就是與「人」競賽鬥爭。不管這集團是多大，他必須要有鬥爭的集團，不管集團中分成多細的小組，小組中的成員還必須有競賽鬥爭。這也就是為什麼，共產黨對外必須挑釁與人競賽鬥爭，對內必須批評清算，甚至對每個人要他分裂地作自我批判。

共產黨鼓勵人為革命犧牲，到韓國參戰；鼓勵勞役，突擊生產，鼓勵生產競賽，挑戰公債推銷……。這一切所謂工作與事業，雖是繪描了一個美麗的憧憬作遠期的收獲，但是與個人的關係實在太遠，所以除了使其興趣放在與人競賽鬥爭外，是沒有別的辦法的。所以他必須永遠製造競賽、挑戰，製造英雄。

上面說過，人的興趣如果只在與人競賽爭鬥，他的氣度往往淺狹，行為往往是卑劣，他可以不擇手段，用不正當的辦法，清算別人陷害別人；他也可以用取巧的辦法，勝過別人，如通過人際關係靠拉攏巴結。鐵幕國家裡，工廠中，就不斷的有巴結幹部，偽造紀錄；有偷工減料來增加產量一類的事。

在文化藝術界中也正是如此。這往往使一些老實的人，因想競賽中成英雄而失去健康與生命。人與人競賽鬥爭中，永遠是敵對的，敵對就必須清算打擊。人必須爭取群眾，領導多數，以鞏固自己。這也就是共產黨中，上至史太林、托洛斯基，下至王實味、胡風等都要遭清算與打擊了。共產黨以批評與自我批評為武器，以造成凝固性很強的集體，使無人可以脫離道個集體而存在，因此人人必須面紅耳赤，劍拔弩張的與儕輩競賽鬥爭，謀出人頭地的去作英雄的表現；於是最英雄的人也就爬得最高，最高的英雄成為領袖，這就產生了個人崇拜。

個人崇拜乃是英雄主義的產物。當一個領袖，可以肅清壓抑一切異己的努力時候，他就須造成一種偶像性的個人崇拜。這時候，他必須被神化為萬能，變成了一個祭師，代表了神，成為聖經教義的最正確的詮釋者，使無人可以變動其領導地位。

在這樣的集體組織中，人無軌道可以遵循，一切的法則與教條須根據祭師的解釋；人無法對自己有興趣的學問事業努力，因為個人無法有這個自由。人的興趣只有在領袖的指揮中作英雄的表現，俾被認為英雄，而享受了優渥的待遇與權利。

這在所謂好的方面，在水災中可產生為防堤而捨生的農民，在工廠中可產生拼命而犧牲健康的勞模，在戰爭中可以產生奮不顧身的戰士。可是在壞的方面，那些以英雄自居的幹部們在鄉下農村裡就會跋扈橫行，魚肉百姓，甚至任意吊打不服從指揮的人，到處強占良家的少女。他在社會中可以不守秩序，曲解法律，要人人對他「買帳」，以為這就是顯得他的特殊。在公債推銷競賽中，在農民儲蓄推行中，那些能最殘酷、最凶厲的逼農民屈從遵認的幹部，也是最有成就的英雄，這些英雄以為他可以不同於常人，橫行不法就是他的特權。這也正是流氓地痞與白相人的同一典型了。

四

自從蘇聯清算史太林以後，中共也響應反對個人崇拜，接著就極力批評個人主義與英雄主義。

共產黨把個人主與英雄主義放一起，可以說是完全不懂得什麼是現代的個人主義。我曾經在另外一篇文章中說明個人主義與自我主義的分別，乃在於前者以「人」為出發的思想，後者是以「我」為出發的思想，英雄主義則正是自我主義的產物。這裡共產黨所指的與英雄主義一起的個人主義，實際上正是自我主義。

在共產主義的理論中，英雄主義本來是沒有地位的。唯物史觀以為，歷史是生產關係與生產手段辯證的發展。社會的變動是必然的，並不需要英雄。可是在共產黨革命的過程中，共產黨所鼓勵的是為革命犧牲的英雄。英雄主義就變成祕密集團最必需的精神。當蘇聯的共產黨掌握政權以後，因實行共產主義的理論，使人覺到自己的努力與改善生活、增加享受、保障安全等都沒有關係，以致農村崩潰，所以有新經濟政策。新經濟政策，就是使人覺得自己的努力可以使自己生活可改善，享受有增加，安全能保障的私產制度。在工廠裡，工人也因為自己努力並不能使生活改進，發生了普遍的怠工，因此就有史特漢諾夫運動（Stakhanovite Movement），這運動正是把人與工作的鬥爭轉向到人與人的競賽與鬥爭的一個辦法。當時昂德列・紀德去蘇聯，他就發現蘇聯工人們生活的空虛。史特漢諾夫運動的成效，在紀德看來，就有很滑稽的疑問。比方一個工人，在史特漢諾夫運動前，是每日產生二十單位工作，在史特漢諾夫運動後，產生了二百單位的工作，那麼是不是這正證明當初這個工人正是對於他的工作不發生興趣，或不想努力，故意不發揮二百單位的效率呢？這以後，共產黨所統治的人民，始終是被驅策在競賽鬥爭的鼓勵中。這就是說，人對於工作、事業的本身的努力已經失去了意義，就把意義安置在人與人的競賽鬥爭了。因此共產黨是必須隨時隨地提倡英雄主義，而人人都必須面紅耳赤劍拔弩張去打擊別人，清算別人；也必須謹防別人對自己的打擊與清算。

這與我所說的個人主義正是完全不同的。

個人主義與自我主義有這基本的不同，因此個人主義最反對英雄主義。個人主義覺得把個人放在競賽之中，是對於個人尊嚴的一種侮辱。個人主義對於工作、事業的勤儉刻苦奮鬥，是完全出於自己的興趣與利益，或是自己認為直接有意義的。他的努力有他自己的目的，按著他的需要與理想，走他自己的路，按著他生理的心理的條件，盡他的責任。舉兩個簡單的例子：比方說某甲到某處去看一個朋友，約定時間是下午三時，他預算好二時出發，三時準可以到，他不需要趕；另一個人某乙也到某處去，因為他的事情在二時半，他很匆忙，他也許在二時一刻時趕過了某甲，但某甲並不因乙超過他而同乙競賽。這就是說，甲的走路是甲的事情，他有他的計畫與理想，毋須與乙競賽。可是在二時一刻，當乙趕過甲的時候，旁觀的人因此譏笑甲，鼓勵甲，鞭策甲；甲於是拼命與乙競賽，甚至故意把乙的車子撞倒以阻止他的行程。這就是說甲對於自己個人的計畫、理想與目的放棄了，而專以與人競賽為目的。這就是甲由個人主義的態度變為英雄主義的態度。又譬如，我們一群人去旅行，目的是採標本，這裡面有人年輕力壯，走快些；有人年長力衰；有人昨天有點受寒，走得更慢些。走快些的人可以多採些標本，走慢些的人情願少採些。這本來很是自然而諧和的事情。可是，中途有人提倡競賽，作誰走得快，誰的標本採得多的比賽。於是大家氣喘如牛，汗流浹背，年老力衰的甚至摔了跤，受寒未癒的回來發高燒。也許路走得最快、標本採得最多的就是那個受寒未癒的人，大家都說他帶病的人還能競賽第一，一致認他為英雄。大家出錢，讓他進醫院養病；給了他一個紀念章。這前者正是個人主義所主張的，後者則正是集體主義所鼓舞的英雄主義。

把個人主義與英雄主義的分別弄清楚以後，我們覺得個人主義正是民主自由的骨幹，而英雄主義則正是集體主義的靈魂。

在馬克思的理想中，始終以為共產主義是可以由民主政治而實現，無產階級專政是可以由議會而勝利，可是在革命運動中，他自己就不能容納異己的思想與反對黨的存在；在他的學說中，唯物史觀所謂歷史必然的發展，人是很少有作用的，所以也並無英雄主義的地位，可是在革命過程中，他把自己造成了一個唯一真理的詮釋者，沿成為黨徒的個人崇拜。馬克思的學說，我總覺得是小學生數人的學說，他數了別人，而把自己漏去，所以自相矛盾的地方很多，最重要的也是最基本的，就是存在決定意識的學說——所謂只有無產階級才有無產階級的意識的學說。他自以為是有無產階級意識的人，而竟並不是無產階級。馬克思不主張英雄主義，而偏要主張集體主義，但他竟不知道一個集體之能夠存在與維持，是必須依靠英雄主義的。現在共產黨因清算史太林，想揚棄英雄主義，這只是一種瞞不了自己的謊話，因為要是沒有英雄主義，共產黨的集體也就很快的就崩潰了，這正如所謂「百家爭鳴」的口號一樣，要是學說思想上真的允許「百家爭鳴」，那麼不出一年，共產黨的所謂思想體系也就一定變為思想屍體了。

五

個人主義無法與集體主義相共處，共產主義不容個人主義是必然的。在鐵幕內，個人主義早已被共產黨所摧毀，它已經將任何屬於個人的捲入了集體，把任何的個人都組織在集體之中了。現在所揚棄的個人主義則正是他們所必需的自我主義。因為沒有自我的好勝爭強，就不會有英雄主義，沒有英雄主義就沒有共產黨的集體主義了。共產黨所以要說不要英雄主義，就是怕競賽鬥爭中超過他們的統治，狄托主義就是最好的例子。狄托要擺脫史太林的統治的時候，這個英雄主義就成了史太林主義所不能容了。可是當時如果狄托被史太林所摧毀，南斯拉夫還會這樣被黑魯雪夫所重視麼？所以在共產黨的大小組織中，只有儘量與人競賽鬥爭得到勝利才是出路。這就是英雄主義。

至於個人主義，則不是與人競賽、要打倒別人的主義；個人主義是與事、與物、與環境競賽的主義。個人都根據自己的興趣與責任，為克服種種困難而努力。無論在物質與精神上他必求有所穫。所以他在別人不妨礙他自由底努力的情景下，他不會與人競賽與鬥爭。在民主社會中，人與人的鬥爭與衝突，總是因事、因物、因利益的衝突而起。而法律條理與秩序就是為調節和消除這些人與人的衝突。大家遵守法律條理秩序，人與人只有互助，就不必有衝突，人人都可自由的依著興趣與事、與物、與環境去爭鬥。因此，在民主自由的社會中，人與人本質上絕不是敵對的；在極權的社會中，人與人則永遠是敵對的，永遠是互相妒忌與仇視的。

因此個人主義是理性的，英雄主義則是狂熱的。個人主義對於有成就的人，有理性的尊敬，但不會有狂熱的崇拜。個人主義者認為人的成就總是有限度，不會是萬能，也不會是全善。而強於某方面的人，一定會弱於某方面；我們對於某人之成就方面有理性的尊敬，但並不因此認為他在另一方面也一定會優於別人。

個人主義是平凡主義，反對特權。在中國，往往聽到下面這樣的話，如某某究竟對於抗戰有功，他的貪汙應當原諒；或某某在反共工作上有很多貢獻，他的誘姦少女或殺妻罪應當豁免，這一類的論調都是出於英雄主義的意識。在個人主義看來，對於社會國家有特殊貢獻的人，除規定的優恤條理以外，其他還是和常人一樣。第二次大戰勝利以後，民主國家的戰士們除政府有條例規定，使他們有升學，求就業的專長以外，並沒有因為有功而可以到處優先。以邱吉爾對於英國的貢獻，也並不以其抗戰之功勞而必須選他繼任為首相。這些都是先進民主國家的民主精神。民主精神是以人為單位，人人是平等的，人們雖也尊敬英雄，但並不崇拜英雄。

從個人主義出發，在教育上，我們的立場與現代最新進的教育制度與理想是一致的。它反對競賽，反對競賽式的考試制度（甄別的考試是另外的事情）。它反對鼓勵學生作不顧自己興趣，為好勝虛榮而努力。它反對鼓勵學生作不顧自己生理與心理的限度、違反健康的習慣，而為考試或分數作拼命的競爭。它要學生對學業發生興趣，對學科有自發的努力，它要學生並不妬忌優於他的同學，也並不輕視次於他的同學。在社會上，我們與以人權為本的民主自由的理想是完全一致的。它反對某一種小集團如學生會、學術研究會、文藝協會、兄弟會一類的組織在法律以外限制個人思想與言論的自由，或用利誘威脅的方法叫人必須服從某一種思想或主義，作與人競賽的宣揚。我所以特別提到這些，就因為這些正是現在馬來亞、新加坡的學生會與工會爭取個別的學生與工人的方法，也就是在大陸淪陷前共產黨所操縱的文化團體對於個別文化人的方法，而這也是所謂「吃得開」的白相人，與阿飛主義的青年們對於爭取同志的方法。我們以為即使具有正當目的的運動採取這樣的方法的，也都是集體的英雄主義的提倡，其流弊一定比收效為大。總之，這是屬於鼓勵人與人競賽鬥爭的英雄主義的典型。

其所以如此，就因為英雄主義與民主自由無法相容，沒有再比英雄主義更能腐蝕民主社會，因為民主社會是以人權為本，英雄主義是侵犯人權的。

六

說到這裡，一個最容易被人提及的問題就發生了。有人就說，在現在我們反對極權主義的時代，你所說的個人主義是不是可以對抗英雄主義呢？個人主義為自己的興趣與事業而努力，其效率是不是會低於競賽中的英雄主義呢？

我的答案正如相信民主自由可以對抗極權一樣，相信個人主義不但可以對抗英雄主義，而且還相信個人主義的效率高於英雄主義。我只以教育上的現成事實為例，道爾頓制所教育出來的學生，其程度並不低於競賽制度中的學生，極權主義國家學生其程度都低於民主國家的學生。在競賽制度下的學生，他對於學科了解都不如道爾頓制度下的學生，原因是前者為求競賽的緣故。他往往只憑記憶，硬記一些知識以應付考試，或猜度教員的心理盡力致力於分數的獲得；而後者因為興趣所至，因自己求知慾的要求，而肯作更深入的研究；最主要的，是那些競賽制度中優秀的學生，在離開學校以後，對於學業再不發生興趣，而自發自愛的學生，在離開學校以後，對於知識學問總還是不斷的在求進步。

在社會中，英雄主義者必須依附在集團中，必須不斷的有人與他競賽或假定一個敵人與他競賽，他才能努力。他絕不能與人和平共存的。因此當他離開集團單獨生存的時候，他就無法找到努力的意義和責任。他對於高於他的人，往往是諂諛服從、低聲下氣，對於低於他的人，一定是作威作福。這也就是由英雄主義流於官僚主義的途徑。中共許多有成績，有犧牲精神記錄的幹部，一派到邊僻的縣鎮獨當一面時，都成了耀武揚威魚肉百姓的流氓，就是這個原因。個人主義者對上級絕不盲目的服從，對下級絕不無理的作威作福，這因為個人主義者以人出發，他把人看得完全一樣。他所努力的對象是事，不是人；他所尊重的是上級於事的處理，不是人。對於下級也是事的處理，不是人。在事上有上級下級，在人上則完全是平等的。

因此，無論在效率與成效講，個人主義都優於英雄主義。正如民主政治都優於極權政治。

現在許多民主人士，甚至歐美自由文化運動者以及世界上知名之士們，常常自卑地承認民主的效率不如極權，自由的成效不如獨裁。這種說法，我覺得很可笑。民主的決議可能沒有極權的決議迅速，但決議以後，民主的執行效率無疑地是比獨裁為高，因為民主的異議是在決議以前，極權的異議則在執行之中，極權的控制失效，或稍露敗象，馬上就會崩潰。希特勒之失敗就是一個最好的例子。自由無疑地比獨裁為散漫，但自由的團結遠比獨裁的集體為有力，因為自由的團結是理性的，基於共同的理想，獨裁的集團是狂熱的，甚於對獨裁的信仰。前者經得起挫折，後者一遇挫折就可以崩潰。

在現在民主與極權的對立陣營中，民主世界之所以顯得疲弱，我以為還因為不夠確實地，普遍地承認人權，不夠切實地提倡個人主義。

上次美國心理戰專家說美國的俘虜之所以不如英國的俘虜，是因為這些被俘的兵士對於美國民主生活的精神欠了解。這正是他們缺少個人主義的覺醒的明證。

以狂熱對狂熱，以英雄主義對英雄主義，以組織對組織，以信仰對信仰的反共，到法西斯主義已經登峯造極。且勿說法西斯主義的失敗的原因是什麼，即使法西斯主義反共成功，對於我們人類有什麼益處？在法西斯治下的人民與共產黨治下的人民有什麼分別呢？

所以在個人主義立場下，覺得反獨裁，反極權，要從反英雄主義，反集體主義反起。與其我們要掀起集體的反共的狂熱，不如切實地使每個人了解共產主義與其毒素之所在，使人人有個人主義理性的覺悟，而作發於智慧的團結。

倘若一個有強烈反共意志的領袖，使人覺得他的反共是為代替共產黨來獨裁，那麼他就無法啟迪每個人反共的理想，也無法團結真正反共的人士。我們千萬不要忘記，在第二次大戰，當德軍進入蘇聯，有多少烏克蘭的人民願意參加反共，但因為德軍不與他們作平等的團結，結果這些人都失望，而反願意為共產黨効勞了。狂熱與英雄主義所激發的力量是暫時的，是受不得挫折，是經受不起理論的宣傳，必須時時鬥爭，時時進展。他無法堅持，無法靜候，無法離開集團而保住他得狂熱的。因此個人主義者主張冷靜地用理性分別真偽是非，認識自由之可貴，認識人權之可尊，認識極權主義的面目，從基本原則上對於共產黨，共產主義作徹底的了解。

時人有許多對於現在共產黨之和平攻勢如「和平共存」，如「歡迎歸僑」以及其他「百花齊放」，「百家爭鳴」之自由宣傳，起了桃色的幻想，這完全因為這些人並沒有原則上了解民主，並沒有根源地有個人主義的覺悟，也沒有真正地了解共產黨與共產主義的本質。這正如許多相信上帝的基督教徒，盲目地相信共產黨的「宗教自由」的宣傳一樣，他們竟不知道共產黨的「宗教」是無法容納任何其他宗教的。

在這個冷戰的時期，我以為我們正應當喚起每個人有個人主義的覺悟，切實地建立一個民主自由健全的社會，使人人從理性思想上創發出反極權，反共的理念，人人切實地努力於本分的事業或工作，盡個人的責任，處處尊重每個人的人權與自由。如果自由世界的社會進入了健全的民主法治的社會；那麼我們不但可以讓共產主義任何的理論輸入，甚至還可以也不怕共產主義者入境——他不但無法對人宣傳什麼，而且還會改變他愚蠢的信仰。

嘗讀一個日本記者從西德回國的文章，他說：在西德，可以見到任何共產主義的著作以及共產黨的宣傳，但西德的青年絕無僅有的被這些學說與宣傳所愚；接著他感慨日本之浮躁無根，可以跟著一些簡單的口號亂跑。為什麼西德的人民有這樣的根基？這因為西德已經建立了一個比較接近真正民自由法治的社會；這因為西德的人民都有真正個人主義的覺醒；這因為西德接近東德，對於共產主義，共產黨的面目早已了解得清清楚楚。

把西德的情形倒過來看，恐怕也就是中國在大陸上所以失敗的原因。現在在香港的自由民主人士，他們可以看到任何共產主義的書籍，可以聽到任何共產黨的宣傳，但他們為什麼並不因此有所動搖，此無他，原因還是這群人士對於共產黨有徹底的了解，對於人權與自由有真正的重視而已。

從個人主義立場看共產黨，他們的反英雄主義則是一個自欺欺人之謊話。因為集體主義乃是依賴英雄主義而存在的，他們的與世界「和平共存」，也是一個謊話，因為英雄主義是必須依賴狂熱，而不斷的找人鬥爭而存在的。他們所謂「集體領導」也是一個夢囈，因為他的領導的集體在競賽鬥爭之中，也一定是要見高下的。而集體領導與所謂「百家爭鳴」，又是無法統一的笑話。試問如果思想學說上可以「百家爭鳴」的時候，共產黨的集體可以憑什麼去領導呢？

個人主義是平凡的、常識的、理性的、從「人」出發的一種思想，同時也是最無法被集體主義，集權主義所愚弄，所欺騙，所同化的一種思想。因為他是與超凡的、教條的、狂熱的、從自我出發的，而與人作競賽鬥爭的英雄主義相對立的。

所以只有個人主義可以真正反英雄主義，也只有個人主義、可以與人和平共存，而也只有民主自由的社會可以容納個人主義的百家爭鳴的文化。

一九五六、一〇、八。

自由主義的衰微與再興

一

自由主義是文藝復興後崛起的一種人生見解與生活態度。因商業的發達與進展，這種思想的種籽從意大利一些商業城市，流向西北，經過德國的西南部到荷蘭等低地國家與英國。

這種思想的種籽，在歐洲，因戰爭的災患與當時政治的壓力，未得充分發展。可是在英國則生了根，生長繁殖起來，產生了許多學者與思想家，在這種籽上開出了燦爛的花朵，建立了完整的學說與理論體系。這個所謂自由主義的思想，不但奠定了英國的國家與社會的基礎，而且促進了科學上，經濟上的進步，醞釀成一種概括了整個人生文化的思潮。

於十八世紀初，這個有力的自由主義的思潮，重新向歐陸與新大陸洶湧捲來，所到之處，隨即生根繁殖，冲毀了一切宗教的、封建的規律，使整個的歐洲產生了簇新的姿態。人類的前途頓時煥然發光，整個的西方社會都相信個人的努力將創造出任何不可能的奇蹟了。

這一段轟轟烈烈自由主義成功的歷史，始終是與個人主義結合著在發展，由於基督教上帝所創造的人類個別的平等，對於人有新的認識。這思想以洛克（John Locke 1632 – 1704）的人性論為代表，他與亞當斯密斯（Adam Smith 1723 – 1790）的經濟學理論配合成自由主義的骨幹。

但由於英國工商業的發達，對外的自由貿易的鬥爭與乎原料的爭取，以後就變成借重國家的力量以推進經濟的霸估；慢慢就使比英國落後的國家感到一種威脅，引起別人的反感。為抵抗這種無法競爭的勢力，於十八世紀末，在德國就漸漸地產生出一種反自由主義的思想。

在自由主義與個人主義思想的影響下，德國思想界到康德（Immanuel Kant 1724－1804）集了大成，他闡發洛克的人性論，把個人的地位有更明確與尊嚴的詮釋。

可是康德以後，集體主義的思想就開抬頭，費希特（Johann G Ficht 1762－1814）的國家集體觀念，黑格爾（Georg W. E. Hegel 1770－1831）的絕對觀念，以及卡爾・馬克思（Karl Marx 1818－1883）的唯物史觀與階級理論，使個人主義的思想就在集體主義中消失。

當時德國思想界認為所謂自由經濟貿易的理論，不過是維護大不列顛的利益的謊言，這些集體主義的思想，針對這自由主義的思想，舉起了反抗的烽火。

這一派思想，主張把個人完全放在國家或其他絕對組織之下，變成一個整體，在經濟上主張計畫經濟，在政治上主張極權統治，以後就成了火山岩漿一般的向各地奔流，它不但流向未被自由主義思潮浸濕的國家，還直接衝進了自由主義思想的發源地。

自由主義思想以後就一直衰退。

從那時起，軍國主義就勃興起來。英國許多思想家，也竟被被集體主義思想所吸引，他們也開始相信用計畫經濟那一套社會主義的思想來建立有力的政府，到動蕩的世界上與列強角逐，只有美國始終保持自由主義的傳統。第一次世界大戰後，威爾遜的理想與列強爭執，正是理性與狂熱的衝突。威爾遜的理想失敗，以後就是集體主義的全盛時期。整個的歐洲思想界，幾乎都相信人類前途的光明必須寄託在集體主義——溫和的社會主義，共產主義或法西斯主義——上面了。

在這個集體主義思想所舖平的道路上，崛起了莫索里尼的意大利與希特勒的德國。共產主義在俄國，也建立了不可一世的極權控制。

自由主義已被公認為落伍的舊思想了。

二

在中國，五四運動正是想全盤接受自由主義思想的運動。可是那時候，西方所謂自由主義的思想正在退潮，接著湧進來的就是集體主義的思想——社會主義，國家主義與共產主義。一直在閉關中自大的中國，被帝國主義敲開了大門後，發覺自己無足自大，才去接觸西方文化。雖然初期輸入的西方思想，大部分都是自由主義的思想，可是沒有等到生根發芽，接著就來了零零碎碎的叔本華、尼采、黑格爾、馬克思等等的思想。所以思想界一時非常紊亂。

假如自由主義可以早幾十年輸入中國，像初期自由主義思想流入歐洲一樣，使中國的大多數人擺脫了舊制度各種的束縛，自發地建立了民主的中國，那麼，自由主義的思想也許早就生根開花。偏偏在自由主義思想尚未抽芽的時候，集體主義的思想已經把它淹沒了。

這裡還有一個很大的因素，就是自由主義的思想雖是輸入了中國，而個人主義的思想始終沒有來到。那時候英國所謂自由主義已經與個人主義分離，伴著自由主義進入中國的則是帝國主義。帝國主義的面目，使我們馬上同德國一樣的感到所謂自由主義正是掩護帝國主義經濟侵略的一種理論。

所以五四運動所號召的自由主義所完成的，只是我們從封建的家庭束縛中解放出來的自由。從家庭解放出來的個人，這時候並不是不要自由，可是被另外一種理論所號召。這理論所掛的口號非常動人，它說：「要個人自由，先要求民族自由；沒有民族自由，談不到個人自由。」

這口號正是對帝國主義而發。一時就被愛自由的人們所接受，集體主義的思想就此打退了自由主義。

本來自由主義思想與個人主義是不能分的。沒有個人主義的自由主義，常常與自我主義相結合，這種結合的自由主義，就成了英雄主義。英雄主義正是集體主義的靈魂。中國的自由運動，如果有個人主義作基礎，它可能變成堅韌有力，憑理性去尋出路。可是當時沒有個人主義，代之而來的是易卜生，是尼采，是叔本華，所以很容易流於紊亂的狂熱，恨代替愛，輕蔑代替尊敬，在這個思潮中狂熱的青年正好充作集體主義的群眾。長長的年代，以後自由主義這個名稱都被集體主義者所占有，而各色的集體主義，正如當初德國的各色的社會主義為法西斯主義鋪路一樣，為最強的集體主義者——共產黨鋪了勝利的道路。

三

自由主義的思想所以衰退的原因，雖說還有其他的關係，但最大的因素則是與個人主義思想分離。自由主義所以與個人主義分離，也許還有其他原因，但是最大的原因，則正是標榜自由主義的自由經濟與自由貿易，這時候已與國家的力量結合，變成帝國主義經濟侵略的形式。裡面只有民族主義與國家主義，再沒有所謂個人主義了。

自由主義的理論，是個人自由的努力與發展，可以有自然的調節而促進社會福利為信條；所以他必須承認每個人是完全平等而各具有自然權利的。所以當自由主義變成帝國主義的時候，理論本身就自相矛盾。其所以還可以有自由主義存在，而不馬上變成集體主義者，則因為他們在國內仍是與個人相結合的。所謂國內的個人主義，就是公民主義。

這就是說，英國的自由主義思想家，把他們國內的公民看成人人完全平等而各具有自然權利的人，而把其他的人不當作完全平等而具有自然權利的。把自由主義限於公民的自由，這就須要借重種族優越論來與其結合。

種族優越論是從達爾文進化論推演出來。達爾文進化論是從生物進化中看人，是對人的一種新認識。在這個角度中看人，人自然是完全平等，帝王與平民，豪富與赤貧都沒分別的，可是種族優越論者則說，種族上因為進化的先後就有了優劣。當然他們的結論是無色人種高於有色人種。

種族優劣的分別，現在已經不風行，可是在當時竟有不少的科學家作了無數的測驗，許多學者從歷史、從地理建立了許多奇怪的學說。我這裡只隨便舉幾種不同觀點的理論與其不足為信的事實。

一種是根據歷史的統計來說的，如十九世紀初葉高比弩（Arthur de Gobineau 1816—1855）就創立了文化與種族的關係的定律。照他的說法，亞利安（Aryan）種總是文化的創設者，各地的文化，總是由遷流的亞利安種的人統制了各地的土著而創設的，到這亞利安種逐漸地與別的種族配合，文化才逐漸地衰敗下來。這與尼采的說法很相同，尼采就承認上層階級的優越性也就在種族方面。

這種理論的根據一望而知是十分空虛的。譬如中國文化的創設，就與亞利安種毫無關係。他以為人種的雜配會失去種族的優越性，可是比他的理論有確據的優生學的結論，偏偏與他相反。

一種是根據生理的現象來立說的。他們以為人種的優越是與人猿的差異成正比例。如黑種人的嘴向外凸，就最接近人猿，所以是最次；黃種人較平所以稍優；白種人因此是最優。可是在另一方面講，如頭顱之較長，腿與軀幹長度之比例，偏偏黑人與人猿之距離又最遠。

日本足立博士，對於人類學有數十年之研究。他的結論是這樣的：以進化的階段看發生學上的優劣，在人種上完全是相對的。他舉了一個例子，如長掌筋（即腕之前側於用力時伸展的一條細長的筋）西洋人常常缺損，日本人則總是有的；可是長蹠筋（在跗骨內側的一條細長的筋）日本人常常缺損，西洋人則總是有的。按進化的看法，實際上這兩種筋是同樣應該在人身上退化的生理。所以以長掌筋論，西洋人是比日本人進化，以長蹠筋論，日本人比西洋人進化了。所以，從生理的進化階段來論人的優劣是完全不能成立的一種學說。

一種是用心理學測驗來看種族的優劣，其結果無法可作理論的根據。我這裡只取一個例子。

有人曾經將中國人，紅印人與白種人作智慧測驗。在某個例子中，中國人的智慧只有白種人的百分之八十，可是將鄉村中的白人與城市中的白人作測驗，其差別比例數比中國人與白種人的差別還要大。所以其結論則還是因為家庭與環境種種的關係，而不是人種的差別。

以一百二十五個六歲以上十二歲以下的黑人，與同數同年齡的白人作試驗，在某個例子中，平均數黑人的智慧低於白人，可是最優者則黑人多於白人。所以白人優於黑人的立論也無從成立。而用一個種族所佈置的測驗來測驗另一個種族，無論涉於言語與推理，總是未能絕對公平。所以當時客觀的學者都以為這些差別的原因都是由於社會的機遇。

高德惠綏（Alexander Goldenweiser 1880—1940）就站在人類學立場說：「種族間並無本質的，心理上的差異可以辨別。」

上面三種的不同論證，其結論都無法使種族優越論成立，可是種族優劣論始終寄生在白種人的國家民族觀念裡面。

自由主義與個人個主義分離，限於公民的自由而借重毫無根據的種族優越論來掩護，實際上已是向集體主義投降了。

四

人的自覺，本是從文藝復興而起，但文藝復興所謂自我覺醒的呼聲，就有兩種發展，一種是人的認識，一種是我的發揚，由人的認識出發的思想可以說是個人主義（individualism）；由我的發揚出發的思想可以說是自我主義（egoism）。這兩種思想在歐洲的思想界與文化界中，雖有此盛彼衰，此起彼伏之變，但始終沒有斷過。在社會黑暗，政治腐敗之時，爭自由的怒潮，往往就與自我主義結合成為狂熱的革命。這時候自我主義是一種英雄主義，因此革命後，總是由強烈的各種極權所統制。英雄主義就成了集體的靈魂，自由這東西就很快消失了。這在中西的歷史上都有不少的例子。

這因為由「人」的認識才可以看到「人」的平等與每個人的自然權利；由「我」的發揚因而就意識到「我」的超絕，想以「我」的理想改變世界。前者重理性，後者重力；前者在政治上勢必從民主，後者在政治上就易於信奉集權；前者在經濟上也勢必主張自由經濟，後者就易於信奉所謂計畫經濟（也即是一、二個英雄的計畫）。自由主義本來由人的認識而來，原是很健全的。可是當所謂「人」失去了普遍的觀念，只限於公民，把其他的人當作劣等民族裡的人，這種有種族優越感的所謂可稱謂「人」的公民，始終就有了自我主義者的狂大。自由主義的思想就跟著衰退。當德國集體的思想侵入英國，英國思想界竟有許多逐漸傾向社會主義了。

但是被自由主義所遺棄的個人主義，並沒有絕滅；它在新大陸始終與自由主義結合在一起而在生長；又因為人類學、生理學、神經學、心理學……等的發展，它更明確的對人有新的認識，也便與自由主義凝結成一個整體。

這新的自由主義，在第二次大戰以後，開始成為有力的思潮。當德國的集體主義崩潰，俄國的集體主義顯露了殘暴凶厲的面目以後，進步的思想家，開始接受了新的自由主義。許多原來相信集體主義的也都發現集體主義是一個毀滅人類的絕路，都轉到新的自由主義的陣營裡來了。這新的自由主義因個人主義的發展而產生了一個簇新的面目。這面目初顯於聯合國的普遍人權宣言。再見於英國殖民地對人權的尊敬，逐漸地接納其自治與獨立，三見於美國高等法院對於黑人白人合校的法令。

這新的自由主義現在再無與狹隘的公民主義結合的變態。不主張自由主義則已，主張自由主義就必須主張個人主義。

現在的世界的思想界可以說只有兩種思想，一種是新的自由主義，另一種就是集體主義。在英國，現在自由主義的思想家，也再不敢借種族優越論的謊話來掩護公民主義了。這因為第二次世界大戰正是對奉種族優越論為圭臬的法西斯宣戰的，可是，被德國集體主義思潮所同化，而又放不掉自由主義的人們，他們還在夢想著一種民主的社會主義。

所謂社會主義，本來是計畫經濟的一種主義，計畫也就是憑一個或幾個人設計一套格局，把人一個一個的安排在裡面的辦法。被安排進去的人，當然談不到自由，可是民主的社會主義者相信，在經濟領域內人雖是失去自由，但可以獲取平等，在政治上則仍可保持自由。

這是一種美麗的夢想，但可惜是不可能的。知道一點鐵幕後所統治的情形的人都可以想到，當一個人的飽暖完全被一個權力所操縱的時候，當一個人的勞動自由完全被一個權力所操縱的時候，任何自由都不能再有，怎麼還能保持政治的自由呢？對於自由的分析，許多人在許多書裡都有過透徹的論述，我在這裡不打算再述。這裡我只從個人主義的角度來說幾句話。

從個人主義的角度看民主社會主義，覺得這個名詞所包含的概念就是矛盾的。因為民主是從「人」的認識出發的一種思想，社會主義是計畫的，計畫則是由「我」出發的思想，用我的術語來說，前者是樹林思想，後者則是鳥籠思想。這二者無法並存。凡是用一個理想的一套計畫與安排，不管是多麼完備，想把許多人套在一起，而無法隨時脫離者，在個人主義者看來，都是無法接受的鳥籠思想。

民主社會主義者實際上不是不了解民主，就是不解社會主義。凡是不了解民主者，等到發現民主是什麼的時候，慢慢的都會走到共產主義的陣營去；凡是不了解社會主義實現後的情形者，等到稍稍知道鐵幕後的情形，都會走到新自由主義的陣營裡來。這一群夢想家，不是自由主義者解不脫集體主義的纏腳布，就是集體主義者放不下自由主義的拐杖。在新自由主義與共產主義的思想衝突中，他們遲早都會變形的。

現在的問題，倒是新自由主義雖然有新的面目且發出純粹的光輝，但是還不夠響亮地標榜出與個人主義的結合，也不夠標榜出對於人的認識的進步，更不夠標榜出與舊的自由主義有什麼不同。

在自由主義衰退的時期中，美國也曾經因不景氣以致對自由主義的信念有所動搖，這以後許多經濟學家提供了可珍貴的學說。一方面個人主義因人類學、生理學、神經學、心理學的發達，對於被認為平等的「人」也有了不同的認識。這新的自由主義因此與以前舊的自由主義已經有很大的不同了。可是思想界，甚至很有學問的學者，還以為所謂自由主義就是以前的自由主義。

特別是在落後的東南亞與非洲。先進的自由主義國家，對新的自由主義的思想在精神與行動上的表現不夠徹底，也缺少明確的口號，使許多在這些地區的人，即便是知識階級，也還以為所謂自由主義就是代表著帝國主義的一種舊的自由主義，因為這個緣故，所以共產黨在這些地區的號召，正如在中國以前的號召一樣，即是：「要個人自由，先須求民族自由，沒有民族自由，談不到個人自由。」我可以相信，許多青年投向中國大陸所抱的理想，他們並不是想放棄個人的自由，而是為享受民族的自由。新的自由主義運動，正應當協助落後地區的人民，從個人的自由獲得民族的自由。更應當喚起他們個人有個人主義的覺醒，對「人」的尊嚴有明確的認識，在精神上、道德上誘發他們能人人從聯合國普遍人權宣言來認識這個新自由主義運動。那麼所謂落後地區的已獨立或半獨立國家中的人民馬上會發覺，只有先獲得個人的自由才可以爭取民族的自由。連個人自由都沒有，還談得到什麼民族的自由。共產黨所宣傳的民族的自由，實際上是由把整個民族的人民複製為一群奴隸，放到一個設計好的籠中去勞動而已。

只有使全世界人民了解這個新自由主義運動的意義，自由主義的思潮就會很快衝破鐵幕而解除一切集體主義的束縛，正像初期的自由主義在歐洲解除了一切封建的宗教的束縛一樣。

一九五六、一二、六，晨三時半。

人的認識與個人主義的基礎

在動物進化的階段中，「我」的自覺是一個很大的進步，因為意識到「我」，才有「我的」之認識。在多數禽類與脊椎動物中，對於牠們所生養的幼小動物之「我的」意識非常明確。不是雜交的禽獸，對於配偶之「我的」意識也非常清楚。許多哺乳類動物在哺乳期間，牠們都可以用嗅覺分別出連人都分不出的，不是牠們所生養的小動物；如果不是牠所生的小動物想鑽著去求食，就會被牠們踢開。這種「我的」血系的認識同與「我的」財產的認識常常聯在一起。牠們的巢穴也不允許別的動物侵占。家畜對於自己飼食器皿也已有「我的」之認識。

自然，動物的所覺的「我」與「我的」，同人類所覺的「我」與「我的」不可同日而語。在人類，「我」的意義就完全不同。人類的「我」的自覺，有反省的能力；對於「我」，有理性的認識，即有時可以從外面角度看自己。因文化的進步，「我」的認識也在進步中。至於「我的」範圍，也遠比禽獸要廣；也因文化的進步，愈來愈深化與廣化。

這「我」的自覺，發展到抽象的對象時，乃是人類進化階段中的一個大進步。他第一步開始認識他已故的祖先，以祖先的業績為自身的光。第二步認識神，有我的主宰與我的神的想法。

動物因為沒有言語，所以是無法產生把人與我看作平等的意念，人類是唯一有這能力的動物。大概就等到言語發達以後，人可能就產生了「人」的認識，這認識對於神的認識相聯系，人就會想到同一個神以下的人們都是平等的。這同一信仰的人，當時又往往言語相同，他們可以互相交換喜悅、恐懼與痛苦。因此，人可以了解在同言語中生存的人是神所支配下的完全平等的動物；但是對不同信仰，不同言語的人則不是他們所認為平等的。

可是這種部落裡的人，因為與外面的人的爭執衝突與戰鬥，為求團結，就有人藉著神的名義，代表了神的權威。於是就產生集合的一種團結，這種團結，可以說是原始的集體。這個集體中，個人一定是屬於集體的一種工具，不是服從，就要表示英雄，處處要意識「我」，用我的意志與力來操縱這個集體，或擊敗敵人，來表示自己的權威，來獲得領導權。

所以人的集居就有兩種可能，一種是承認同一信仰的人，同一言語的人完全平等而共處，一種則是由一個英雄所指揮而統治。希臘的雅典也許就可以代表前者，斯巴達可以代表後者。

羅馬帝國以後，社會經濟發達。分業已趨繁雜，貧富懸殊，階級制度已成。人在國家之中，每一次戰爭，就多一種控制。這時候的人，除了同一階層的貧苦人民，在同一命運之中，會彼此看到是平等的存在以外，統治階級與副統治階級永遠是處處提倡「我」的發揚與擴充。那時候「我的」內容，也豐富得多；多有我的發揚，也多有我的擴充。財產奴隸以外，有特權，有自由，有榮譽，有身分。

以後國家分立，帝皇成了神的代表，僧侶成了神的喉舌，這種層層統制的專制政體下，人必須意識著我，以謀部分人去統制他人。但是在最低層的人民中，在同一命運下生存，其痛苦、喜悅、恐懼可以互通互訴者，當仍會有「人」的認識，這「人」的認識，雖然只限於狹小的鄰厝之中，他們彼此間有同情、互助、互愛，認為在可憐命運下，彼此是完全平等的。

這種「人」的認識，雖不見於有系統的思想，但始終為人類進步的泉源。每當對統治階級反抗的時候，新的領導者往往就利用這種人心中平等共處的意念而作號召，雖然其結果往往由此而喚起「我」的爭奪。

文藝復興以後，因自由之呼聲，對於「人」的尊嚴開始有較普遍的認識，但也喚起了新的「我」的發揚。這也就是由「人」的認識與「我」的發揚思想的開端，前者我稱之為個人主義，後者我稱之為自我主義。許多在哲學、在政治學、在社會學上的思想家，各種的派別有各種的術語，且不管他門的學說如何，他們對於人的問題只有這兩種看法：一種是把人看作一個一個平等的個體的觀點出發，一種則是從把所有的人看成一個「我」的觀點出發。

由「人」的觀點出發的思想，儘管有千差萬別，但在下列幾點中必有其共同之處：

一、人是一種動物，他絕不是，也不能十全十美，不老不死。

二、每個人都應該平等，我不過是千萬人中之一個。

三、人有千差萬別之分，「我」不能概括全體的人。

四、容納別人的意見，尊敬別人的所欲。亦要求別人容納我的意見，尊敬我的所欲。

五、沒有一個人的理想可以使全體的人幸福。

由「我」出發的思想，儘管也有千差萬別，但下列幾點中必有其共同之處：

一、人可以由努力、修養、奮發超於常人，成為先知或不朽。

二、人雖有千差萬別，但可以凝成一個共同意志。

三、一個偉人的理想常可以致千萬的人的幸福，只要服從他的安排。

四、人有優劣智愚之分，因此，認為多數人根本沒有意見，一部分人的意見不必重視，而一個偉人的思想可以代表整個的意見與共同意識。

五、因為科學的發達，什麼都應依賴專家。因此社會上的一切制度，應由各專家計畫出一個藍圖，由偉人或領袖強力執行，把一切人安排在一定的崗位，才可以使社會安定，人人幸福。

就在這兩種思想成長之中，人對於人的觀念，有了新的發展。

十七世紀，思想家受伽利略的自然科學的影響，又崇拜幾何學的嚴格性，大家很想在世上尋求一個永恒公正秩序的社會，一反中世紀對天堂的追索。但興趣都在外界的自然的秩序，對於人的自身不多注意。自笛卡兒（Rene Descartes 1596－1650）始，人開始作對於我的懷疑。笛卡兒從對我的懷疑，啟發以後哲學家轉入人的內心世界，此一內心世界，大家都以為是同外在世界一樣，有一致的整齊秩序。內心世界之整齊有序既是天定的事實，當然人人都有一個整齊有序的內心世界，只是有的人已經自覺，有的人沒有自覺，所以彼此都是平等的。這也就是使一群從人出發的思想一個新的觀點。

人以理性了解世界，反過來看自己的理性也是一個有規律的內心，到康德就作純理性的批判。十九世紀因生物學的發展，心理學的崛起，人於是變成了可以用純粹科學研究的對象。人的觀念以後，續有改變。「人」也愈來愈變成普遍的平等。

人作為理性的動物，他們內心世界與外界世界同樣的有序，所以相信由人的努力總可以發現宇宙的真理，而解決一切的困難。這已成為十九世紀個人主義者的信條。

這一種對於人的發現與了解，與個人主義思想結合的，就成為進一步的自由主義。但從人的平等，謀求階級的或國家的集體的解放革命思想，也就形成了社會主義與國家主義。這就是說，對於人的新發現與了解，與自我主義思想結合，也就成為進一步的集體主義。

我在另一篇文章中，曾談到達爾文生物學上的發現，使人的許多限制束縛有一種解放，這種對於人的認識之進步，當然有力地成為支持自由主義的學說，可是用從「我」出發的觀點來推理，也就產生了一種種族優越論。所以一種學說與思想的興起，常可為不同的觀點作為支持自己的理論。

集體主義的思想，從服從一個代神的祭師到服從一個聖明的帝皇，以後就有絕對觀念，共同意識之說，再進而有階級鬥爭，科學計畫，社會主義的理論。這就是集體主義思想的演變與進步，但都是從「我」出發的一個觀點。

十九世紀以來與自由主義結合的個人主義，有幾個信念也是在變動。十九世紀的世界是伽利略、牛頓的世界，這世界是固定的，實在的，有秩序的。十九世紀所了解的人，也就是康德所了解的人，這人是理性的人，人的理性是與世界秩序同機構的理性。所以其善惡是出於內心的，自成的，但是有一個普遍的標準。

到二十世紀，物理學動搖了牛頓所了解的世界。二十世紀的心理學也動搖了康德所了解的人心。

近讀近人亨弗雷（Hurbert Humphrey）關於自由主義一文，在他講到佛洛伊德心理分析學動搖了理性的人的觀念，他說：「自由主義將怎樣應付此一戰，關係到自由主義的存亡。我們並不以為這新發現可以使我們以為自由主義的終的不如過去為真實，這種人對自己之新的探討，固然使人發覺過去的信念未免素樸，但同時也予人以自新的指示，因為它集中了自由主義面臨的一切難題。當前我們主要應付的，將是把我們現代的生活更密切地去倚賴道德的力量。……」

亨弗雷的話，正是一般基督徒的想法。我覺得基督教的自由主義者始終放棄不了十九世紀個人主義的堡壘。關於佛洛伊德學說，我將另文論述。這裡我要說的是二十世紀的個人主義將不依賴一些固定的道德規律，來與集體主義的罪惡相抗衡。二十世紀的個人主義，應當從許多科學的常識出發。基督教的個人主義往往帶著自我主義的色彩；這就是說他們總想立出一些道德的規範，叫人遵守；因此當這些道德規範成為只維護少數人的利益或方便時，往往被人看作是一種為維護少數利益的手段。道德是社會許多條件與發自內心的產物，規範則是外加的。如果不在社會條件上致力，不在人的內心上啟發，而用規範叫人遵守，往往會表現非常滑稽而矛盾的現象。我可以舉一個很淺顯的例子：

人道當然是一種道德，虐待動物是不人道，這應該是對的。但在某些地域，政府就根據這道德立法，嚴禁苛待牲畜；於是警察看到一個籠中裝過多的雞鴨者，拘之而課以罰款。可是，事實上，那些地方的貧民，數十人住在一間黑暗的房間內的，遍地皆是；所以政府的人道主義的法令，則正是反映政府視那些地域的人民之不如畜牲了。

這不過是一個淺顯的例子，但由此可知道德的規律很難可以有普遍性。在經濟不平等，生活水準太不齊的社會裡，很難立一個普遍的道德規範。譬如把不許偷竊立為規範吧，在飢餓失業的人立場看來，也是很可笑的。我以為犯法是一件事，道德是一件事。偷竊罪算作犯法是社會的事；立此為道德規範，在貪汙橫行的社會裡，當無法讓有識之士相信的。譏笑這種道德規範，在幾千年前，莊子就說過：「竊鈎者誅，竊國者為諸侯。」的話了。

道德規範一類東西，也只能說是公民常識之一種。譬如中國的道德所謂父慈子孝兄愛弟敬，以及孝悌忠信一類的規範，實際上也只是那時宗法社會裡的公民常識。中國自民國以來，公民一類教科書，也不過在這些上面加上些愛國，敬國旗一些常識。美國的公民要了解獨立宣言與憲法的常識，這種立國精神為公民必須的常識原是沒有錯，但當我們在現代的世界中，光有一國的國民常識已經顯得不夠了。

作為道德規範的正義、公正、自立……一類十九世紀個人主義的標準，隨著自由主義輸入東方的早已被伴著而來的所謂帝國主義摧毀，基督教的愛在東方人眼中看來，不過是叫東方人馴服而已。

這些道德規範不管是如何的值得尊重，作為個人主義的基礎，在現代實在已經是不夠了。現代世界裡，一個國家已經不能閉關自守而不與人交往；各種科學發達，已經不能使我們忽略它對於全世界人類生活的影響；受過舊道德規範教義，謹慎自守的人，一接觸到新的與他所守的道德相違背的學說，在由懷疑而放棄時，他的放蕩與出格比本來不守舊規的人一定要趨極端。這在許多從中國舊禮教中解放出來的人身上就可以看到，他們往往是把一切都否定了。

我以為個人主義在現在應當放棄十九世紀的所公認道德規範，把基礎重新建在現代的常識上。我所謂現代的常識，不光指一國國民的常識，而是現代世界的常識；不光是社會科學的常識，還包括自然科學的常識。以前的人，生活範圍狹窄，做一個人所需要的知識不多。現在則不然。一個人不但是一個國家的公民，還是世界上的一個人。

所謂世界上的一個人，就是個人主義。我在另文裡曾經談到，個人主義的意義現在已經明確地載在聯合國普遍人權宣言與憲章上。所以作為現在的人，我們就不能不了解這宣言與憲章的意義與精神，這正是同一個國家的公民要了解一國立國精神一樣、或甚至還要重要。其次，在這個人自由主義與集體極權主義作決戰的時期，以自由民主標榜的國家，自必須使每個人了解人的尊嚴與集權主義的罪惡，這也已經是現代必須具有的常識。此外關係科學的發達的普遍情形，尤其是與自由主義有關連的問題，作為現代人就必須有一個粗淺的輪廓與觀念。

當我說把現代的常識作為個人主義的基礎，並不是否認所謂道德。但是我以為道德規範一類的東西是由我出發的思想。某民族以為道德的，也許另一民族以為非道德的；某人以為道德的，也許另一個人以為非道德的。共產主義就用「資產階級的道德」一個名詞，否定了自由主義所標榜的一切道德。作為個人主義道德的原則，我以為有下面一個已經夠了。那就是：「看重自己的人的尊嚴與尊敬別人的人的尊嚴。」用更簡單的話，那就是：「自尊尊人。」

這是個人主義的原則，也是自由主義的基礎。

第二大戰以後，雖然自由主義的意義已經在聯合國普遍人權宣言上有明確的宣稱，但所根據的個人主義還是在一個舊的基礎上，對於這些基礎信仰尋不出它是否還有存在意義的人們，轉投到集體主義的，不知有多少，尤其是中國的，以及亞非的知識分子。

以基督教的道德規範來說，我們無法相信投向集體極權的人，其道德一定都低於在自由民主陣營裡的人。在他們也許正以為自由主義所標榜的道德早已腐蝕，而在許多情形中，事實也正是如此。

投向集體主義陣營裡的人，除了對個人主義的基礎失去信賴者以外，還有兩種，一種是缺乏現代世界的常識，這也就是為什麼許多學者、專家會傾向集體主義的原因；另外一種，則是對集體主義的基礎不了解，往往許多青年把自由民主主義所標榜的愛國自由一類的熱誠寄託到集體主義裡去。

把個人主義寄託在現代世界的常識上，正可以使個人主義有更堅實的基礎，也可以使其發揮新的光亮。

在我上面所說的從「人」出發，與從「我」出發的兩種思想，其中「我」與「人」的概念，是隨著文化的進步而改變。過去如「朕即國家」現在也改為「我即人民，我即階級」了。「人」的概念現在也由「公民裡的個人」而擴大為「全人類的個人」了。集體主義希特勒所宣稱的種族優越性，現在也沒有人再提，現在的集體主義已一律站在進步階級的基礎上了。個人主義的基礎如果還在十九世紀的一些基督教的道德規範上，這等於把房子建築在流沙，其在東方人眼中，實在看不到有什麼基礎的。

在中國，我以為一直沒有所謂個人主義的東西的。但我也找不出有所謂西方般的自我主義的東西。可是，我覺得中國的思想家，雖然有零碎的看到「人」的地方，但在系統上都是由「我」出發的。

中國道家哲學，所謂「與世無爭」，是「我」與世無爭，楊朱「為我」，墨翟「兼愛」，儒家所謂「親親」、「仁民」、「愛物」都是由我出發的思想。他們的「愛」，是由「我」推開去的，所以他們把人分為許多種類，如聖賢，如君子，如小人，如士大夫，如庶人。即如佛教，也講「我」的修煉。

這些由「我」出發的思想講「我」的「完成」、「我」的「修煉」，不外是使自己道德高，人格完善，胸襟寬闊，成為異於常人，於是去愛人，度人，救人，治人，役人。儒家對於庶人販夫走卒始終不視作平等的人，佛教道家對芸芸眾生，都覺得低於自己，從而憐憫拯救之。他們始終不把別人常作有同等尊嚴的人的。

所以政治上的「人權」思想，東方從來沒有人想到過，因此東方從來沒有個人主義這個想法。當現在我們全國人民都覺得必須建立一個民主自由的中國時候，當現在全世界人類都覺得，只有民主自由可以與集體極權對抗，而解放被極權所奴役的人類時候，我們因此必須徹底的提倡個人主義，而將個人主義的基礎立於現代世界的常識上。

民主的多數所以貴於極權的多數，就因為民主的多數是個別的人自由自發的多數，不是強迫的征取的多數。現代也有民主政治的理論家不願說民主制度是多數的政治，但在選舉以多數為原則的意義上，至少具有多數選擇意義，我因此以為有了個人主義，多數才是有意義的多數，這就是說一張選舉票的確是代表一個人。而個人主義如有現代世界常識的基礎，這個選擇才有意義。如在鐵幕裡的人，連鐵幕外的報刊都看不到，什麼普通知識都沒有，這選擇還有什麼意義？譬如我們用兩種玩具給小孩子選擇，假定一個是皮球，一個是風箏，同樣都沒有玩過，如果不仔細地告訴他性能與玩法，叫他選擇就等於叫他抽籤。所以不談民主自由則已，談民主自由，必須使這「民」是一個健全獨立的個人，是一個具有現代世界常識的人。也即是說民主必須民智。現在從所謂先進的民主國家出來的，以自由主義自負的人，以我所接觸的來說，多數對於人的認識不夠普遍，有的還在「公民」階段的，有的還有種族的偏見，這就是說，他們還不能稱為現代的個人主義者。能稍有資格可稱為個人主義者，他的個人主義基礎也還是在十九世紀的個人主義的基礎上，逃不出一些庸俗的不能普遍化的道德規範。這就是我們現階段的自由主義在東南亞的衰弱與無號召力之故。

新的自由主義運動，必須提倡以現在世界常識為基礎的個人主義。倘能普遍的在學校教育與社會教育上推行基本的現代的常識教育，兩三年後，自由主義的聲勢一定可以闖進集體極權主義的鐵幕裡了。

一九五六、一二、一〇，夜二時。

佛洛伊德學說的背景與其影響

我們活在二十世紀的五十年代，還無法清楚地了解我們所處的時代與其所發生的思想對下一代究竟有多大的影響。這因為我們活在這時代裡面，正如我們把鼻子貼在很大的一張名畫上無法欣賞這名畫一樣，我們無法對這時代能作整個的觀摹。但是對於十九世紀後半期那個時代則已經逐漸的可以看到完全的輪廓，時間載我們行進，正如當我們的船慢慢地離岸遠駛，我們才能完整地看到剛才所停靠的陸地一樣，我們對於所遠離的時代有比較完全的印象。

十九世紀是一個浩瀚偉大的時代，尤其是它的後半期，思想界蓬勃如雨後春筍，文藝、繪畫、音樂天才輩出，百花齊放；我們雖然說可以有完全的輪廓，但也正如我們遠望燦爛的岸景，但見紅綠輝煌，萬種旖旎，並不能知道它來龍去脈，更難完全了解此中佳勝。

十九世紀在哲學上崛起的德國的唯理主義，從康德發展到黑格爾，二十世紀的哲學界或多或少的幾乎都承繼著這個發展，即使後來逐漸地擺脫了黑格爾影響的許多哲學家，如杜威（John Dewey），羅素（Bertrand Russell），存在主義的齊克果（Kierkegaard）與摩爾（G. E. Moore）都曾有一個時期與黑格爾的思想有些血統的。

這因為在正統哲學體系中，人的思想是無法不從前人的搖籃中長成。但是十九世紀思想界不光是在哲學上有偉大的奇觀，在科學上也有空前的躍進。

生物學家達爾文的學說，是一股奇怪的洪流；它很快就衝進哲學的世界。達爾文的學說使人的地位從神祕的寶座上降到生物的世界。人類變成同其他生物一樣，也可以作為研究的自然對象；這是一個大膽的空前的學說。這個學說使各種學術思想都不得不重新考慮對它作如何採納。

達爾文學說把人從神祕的寶座上降到生物的世界，人既然都是從生物進化而來，人的平等就成為很自然的結論。這就成了當時不平社會中許多社會運動家的一個有力的理論的支持。達爾文學說也正是馬克思學說的基地，這即是說，達爾文學說的終點也正是馬克思學說的始點。達爾文所講的是生物界的人，馬克思則講到社會裡的人。馬克思接受了黑格爾的辯證法，創設了唯物史觀；他全部接受了達爾文在生物學上「人」的理論，把它放到了社會裡。他承認達爾文在生物學上找到的人，但他在社會裡則不願看到人，他以為社會裡的人，只有階級的特徵。他硬生生的把人分為階級，而忽略了人的生物的特性。達爾文比馬克思大九歲，達爾文於一八五九年出版他的《物種原始》，也正是馬克思出版《政治經濟批判》的一年。可是馬克思的學說，則正是接銜著達爾文學說的一種發展。馬克思學說的信徒們，從此也就忘忽了達爾文所找到的「人」，以為「人」一進社會，隨著經濟的發展，只成為他所屬的階級了。

達爾文的思想對於當時貴族平民貧富懸殊的不平等現象是一種打擊。但隨著殖民地的開展而引起了一種種族優越的理論。因為達爾文既然以為人是由動物進化而來，於是富強民族就以為自己有進化上的優越。這種理論在白人世界上，一直有意識的或下意識的在主張。這也接銜著達爾文學說發展的一種思想。

但是，達爾文學說所開開闢的道路，即所謂作為可被人研究的自然對象而言，則有另外的人在走。

一八六〇年費希納（Gustav Fechner）奠定了科學的心理學。這個與達爾文同時的科學家的研究也正是接銜著達爾文的結論而開始的問題。

進化論使人為自然的一部分，人是可以同動物一樣的作為研究的對象。費希納的心理學就明白地宣稱人的心理可以科學地研究，而且可以數量地來測量的。心理學在以後就開始發展。

心理學原是哲學家的課題，自從發展為科學後，迄沒有一個心理學家再回到哲學的思考上去。有之，則是佛洛伊德（Sigmund Freud）。

我上面談到二十世紀的哲學家或多或少都受過黑格爾思想的影響。但是佛洛伊德並不是正統的哲學家，完全是從當時還是幼稚的「人」的科學研究深入的，所以他的思想變成從達爾文學說的基地平地而起的一個堡壘。

我們現在還很難了解思想上天才對於人類的影響。在十九世如此許多天才的思想家中，馬克思與佛洛伊德並不是最偉大的，而且這兩個人的學說都曾有一時被學術界所冷落，可是由歷史的發展，如今我們發現在社會中、在人的生活中、在文藝、在繪畫、在音樂、在戲劇電影上，竟無處無地不被滲透。不是受馬克思學說的支配，就是被佛洛伊德學說所影響。

馬克思主義把人看成只有階級的成份，把社會看成只有階級。他所影響的文藝因此只應有階級的活動。經濟的發展既是必然的，人不過是階級的屬體——所以文藝就應該表現生產制度與生產手段的矛盾，階級的衝突，群眾的鬥爭。可是這樣的文藝是無法成立的，階級裡仍需要人的活動，人還是階級的靈魂。沒有人的文藝可以說是取消了文藝的存在。在許多嘗試失敗以後，正當現實的社會運動上產生領導人物的時候，文藝的內容就很自然的轉變成為所謂無產階級新英雄主義。儘管他們把這種文藝宣稱為社會主義的現實主義，可是在本質上它是一種浪漫主義，裡面人物從沒有現實的形象。這新英雄主義的典型的人物，就是不惜犧牲自己，作階級鬥爭的英雄。但後來受了文藝上新的心理主義的影響，慢慢的從描寫人與人的衝突，變成一個人自己的階級意識的衝突。這些在開始時似乎是很新鮮的題材，可是日子一多，就變成千篇一律的公式，不是無產階級英雄克服小資產階級的意識，就是幫助別人克服小資產階級的意識。任何的作品只要讀到一半，就可知道它的結尾。一切的穿插不過是堆積木一樣的拼湊。裡面不管怎麼樣把故事與環境寫得如何曲折與詳盡，可是再沒有活生生的氣息。

時代的進展真是不可思議，當有些地區以政治力量強迫文藝走向馬克思主義所支配的路徑，用不斷的督促、清算、呼籲，在公式化、概念化的泥淖中掙扎，文藝還是死僵下來。文藝的生命則在另一個影響下生長與活躍。

這個影響就是佛洛伊德所發展的心理學學說。

佛洛伊德生於馬拉維亞（Moravia，現屬捷克，改名為Pribor），死於倫敦，但佛洛伊德是屬於維也納的。他長長的一生（1856－1939）都在維也納消磨。納粹到維也納時，他還不想離開，由許多朋友勸促才遷到倫敦的。他在馬拉維亞出生後，三歲就被他家庭帶到維也納。那正是達爾文《物種原始》出版的一年。在他四歲的時候，費希納奠定了科學的心理學，這兩個科學家對當時的青年們影響很大，佛洛伊德長成時當然也是免不了受其影響的。這以後，科學有各方面的進展，如巴斯德（Louis Pasteur）奠定細菌學，孟德爾（Gregor Mendel）奠定近代遺傳的學說，這可以說也是佛洛伊德所承繼的遺產。那時在物理學上有德國物理學家亥姆霍茲（Helmholtz）創立能量不滅的學說，能量可以保存轉換，但不消滅的原則。這對佛洛伊德有很大的啟示，以後他在心理學上就有同樣的發現。

佛洛伊德於十七歲時，在維也納中學畢業，就進了醫科大學。畢業後他一直在生物實驗室，化學實驗室，動物實驗室，神經學實驗室裡研究。他始終感覺到自己有了解這世界之謎的迫切需要，所以他是注定要做學術工作的。可是在二十五歲那年，他愛上了馬脫伴南斯（Martha Bernays）與她有長長三年的通信。為預備結婚成家，他不得不有離開實驗室而去行醫的打算。在那個時期，佛洛伊德獲得獎學金，他到法國跟沙可（Jean Martin Charcot）——那時有名的醫生——研究催眠術治療心理病。但從這個研究到他的心理分析學的奠定，是有長長的過程的。

佛洛伊德，同馬克思一樣是猶太人。他的父親與第一個太太先生了兩個孩子；於四十一歲時娶了佛洛伊德的母親，一八五六年五月六日生了佛洛伊德。以後他母親還生了七個孩子，而他是最大的一個。他的母親比他父親小二十歲，與他父親前妻所生的孩子費力浦年齡相同；用佛洛伊德的理論，一個兒童幼年時都有阿笛帕斯感（Oedipus feeling）來看，佛洛伊德幼年時很可能以為他是費力浦養的。佛洛伊德出世後十一個月，第二個孩子朱力亞出世，活了八個月就死了；佛洛伊的二歲半的時候，他的第一個妹妹安娜出世。佛洛伊德一生沒有同她和睦過。傳記家用佛洛伊德學說分析他的心理，認為佛洛伊德對弟妹分享母親的愛情，始終有強烈的妒嫉，他甚至咒願朱力亞死亡，而後來又深深痛悔自己這種咒願的罪過。與他妹妹愛娜一生的不睦，也正是於幼年時妒忌的心理。

佛洛伊德的學說，可以說是問自己到底是什麼。在他學說建立的過程之中，他是時時的分析自己的，也許有許多理論正是分析他自己的產物。他的父親有他祖父的年齡，他對父親是看作高高在上的人物。他把他的哥哥費利浦與他母親有關係的設想，正為他以後發明伊底帕斯綜錯（Oedipus complex）作證。他於四十一歲時看到病人這種綜錯，想到自己下意識中正有同樣的伊底帕斯感。

佛洛伊德從了解人而了解自己，從了解自己而了解人。所以他影響於社會、於道德、於戀愛、於教育、於任何生活，對人作重新的估價，影響於文藝、藝術的就是人性的追究與發掘。在佛洛伊德的顯微鏡下，任何人都是為他自己在生長發展中壓抑下來的下意識所操縱著。一切英雄、偉人、學者、詩人，在他看來都是病床上的病人。他們的一切意念與成就，愛與恨都可以分析出其根本的因素。他的學說正是達爾文所發現人的地位以後的研究。

佛洛伊德的學說，常常是容易被人誤解的學說，這因在他的著作中隨時修正的地方很多，他的後期著作，有許多不同的說法。

佛洛伊德學說裡的「人」，正是達爾文學說裡的「人」。儘管人隨者社會的發展而複雜，但是佛洛伊德則要從複雜的傳統與環境中，去了解人的行為與活動之基本性質。

人既是一種生物，就有一種生的機能。佛洛伊德以為這生的機能就轉化為心理上的能。這能，佛洛伊德稱也為力比多（libido），在佛洛伊意念中這力比多就是性的動力。但正如物理學的能量一樣，這能也是可以貯藏、轉換與變化的。

一方面，佛洛伊德認為人有許多本能，本能有一個目的，有一個來源，有一個衝動。但本能本身並不動，要動，就要運用心理上的「能」來推動，以求滿足。譬如一個人餓了，想吃，這是本能的衝動。由這個衝動，於是引起了心理上的能，作許多配合目的的活動，如尋找食物，和設法尋找食物的一類記憶、想像與思想的活動。人在獲得食物消除飢餓後就可以平靜。但佛洛伊德以為因之而起的記憶、想像與思想就變成了許多副目的。如尋找食物把它放在嘴裡，雖未吃下去消除飢餓，但也可以作為一種代替的副目的。小孩子獲得橡皮乳頭，放在嘴裡，也可以安慰於一時。這些副目的，佛洛伊德稱之為外在的目的。正目的則稱之為內在的目的。

人為滿足本能的要求，運用力比多，在孩子成長之中，許多不愉快的，即未能達到目的的要求，被遺忘了，而在下意識之中；而許多愉快的順利的要求，則在意識之中。

人的心理，在佛洛伊德學說中分為三層，第一層id，完全是無意識的，大多是原始的衝動要求。它只關心於這些衝動的滿足。

第二層為ego，大部分是有意識的，從經驗與理性獲得智慧，估計環境以控制id。

第三層為superego，是屬於無意識的。它是自幼的道德傳統的訓練，可以說是良知，在決定ego是否可允許id的滿足。

能是屬於id的，用於滿足所慾，以求安詳。所以必有對象，所以id之能，是完全用於目的。這叫做object cathexes。但這個能非常有流動性，真正目的難達，能可以轉向代替物。如橡皮乳頭代替母乳。id對於對象往往不會辨別，所以能的運用，變化萬千。

id既然不辨對象。往往酒瓶可以混為男性生殖器。這種歪曲的思想叫做附合思維（predicate thinking）。這種附合思維特別見於夢境，成為夢的象徵。在實際生活中也是常有的事，如以貌相人；如種族偏見，以為黑人一定不潔，都是附合思維的結果。

ego並無「能」；他的能是由id轉來。ego具有記憶、判斷、辨別、理性之潛勢，因id之能轉來而活躍。id既然不能辨別對象的真偽，往往會追隨附合思維而活躍。ego就要為之分別真偽。

一個人分別自己腦中的幻覺與外界的現實是從小訓練而來的。ego也就逐漸由此建立。ego因幫助id而滿足所慾。id往往憑附合思維而獲得假的對象，因而未克真正滿足；如今因ego之助可以真正滿足所慾，於是id所有之能，逐漸輸向ego，ego因此愈來愈強，id則越來越弱。可是當ego未能滿足id的慾求時，id又會收回其能，而作自己的妄動。這在睡眠時特別普通。人所謂失去理性，也正是id的猖獗。

superego乃是一個人自幼訓練成的道德傳統，它之無形之中禁止id與ego的推動。它往往隨著他以往所受之訓練的良知，對自己作良心上的賞罰。這種反對活躍的約束力，由於父母師長社會所教養而成，叫做anti－cathexes，往往也不讓id隨意發洩，但他掌握此「能」作為有效的，正確的運用。superego則是一種禁止。

可是人的「能」是有定量的，多貯於ego，id處就減少，多貯於superego，前二者也就減少。人不是強於甲，就是強於乙或丙；強與甲者，乙與丙就弱；強於乙者，甲與丙就弱。強於丙者，甲與乙就弱。

佛洛伊德在一九二〇年以前似特別看重下意識這個概念。一九二〇年以後，他逐漸多用id的活動來解說。人的心理既有上述的三部分，這三部分有各種說不盡的衝突，但可以包括為兩種。一種是id與ego的衝突，一種是superego與ego的衝突。id與superego不會衝突，因為其中一定會引起ego的作用。id與superego雖是完全相反的東西，但是有一點相同。即是都不顧到實際。id只求衝動的發洩，superego只作良知上的約束。ego有二種作用，一是約束id不要妄動（anti－cathexes），一種是選擇了正確對象，在可行之時發洩（ego－cathexes）。superego雖也有二種作用，但與ego不同。他問「應當」「不應當」，即是否為良心所允許，並沒有理性。所以人的心理衝突即是推動力（cathexes）與約束力（anti－cathexes）的衝突，因為推動力與約束力在上述心理三部門中有許多複雜的關係，所以其衝突是千變萬化的。

正常的人雖大部分可以平衡，但其平衡之間往往因厘毫的差，就會失去平衡，一失去平衡，失之毫厘，就可差之千里。殺人、強姦一類事情往往是只在ego與id衝突之中，由毫厘之差，因id不被約束而爆發的。

後期的佛洛伊德學說，他把本能分為兩類，一是求生的本能，一是向死亡的本能；本能本是科學的發現，但這裡則是哲學的推討了。他以為人一方面是求生，一方面也向著死亡。生的本能可以有食慾、性慾，發展為愛好與建設；死的本能可以有侵略、毀棄，發展為恨與破壞。本能住在id之中，但本能之表現則賴于ego與superego之引導。ego是生的本能之主要指導機構，它一方面為要滿足身體之基本需要，理性地判別環境時機之利弊而進行，另一方面要將死亡的本能作為生存之用，即將死的本能用侵略他人以滿足自己之需要。

上面談到id的推動性（object－cathexes）原為滿足本能之需要。可是遇到superego的約束，候合理的對象與適常的時機再為其推進。可是ego的推進往往不會順利，多數遭遇到無數的阻礙、衝突、痛苦與不安。這時候ego可以產生許多不同的保衛的機制。如「壓抑」作用——遇到危險解作未見，怕當兵而成痲痺等；如「投射」——自己恨人說人恨他；如「反射」——形成仇恨故作親愛，對所愛者愛不到手故作厭憎輕視等等；如「固定」作用——如小孩怕離母親而不再長大；如「退縮」作用——如一個人因在社會遭遇打擊而閉戶不出，或退隱山舍，新娘與丈夫不和會退回娘家等。在ego機動作用之外，推進力遭遇阻礙，往往會有「附會」——即將自己模仿成功與勝利的人，如女人因其朋友嫁了一個如意郎君，她也模仿友人之行動與裝飾，想由此得到如意郎君；「代替」——如橡皮乳頭代替母乳，研究食譜以滿足食慾等等。「昇華」——許多詩人、音樂家的作品都是性的饑渴的呼聲，佛洛伊德分析達文西愛畫聖母像，就因為達文西渴念與他從小離開的母親。諸如此類的機能。

全部佛洛伊德的學說，當然不是短短的本文所能敘述。我這裡所以要稍予介紹，只是表現佛洛伊德對於人的看法。

佛洛伊德這些理論，未得自然科學的確證，或者可以說只是哲學的臆設，但是這些理論不但可以解釋大部分的心理現象，而且佛洛伊德及其學生們憑此醫好過不少病人，而現在繼續還廣泛地在社會上應用。許多社會福利工作人員在貧苦區作調查工作；犯罪學家對於兒童罪犯的家庭背景的研究，法庭裡對於犯罪動機之追究；教育上對於嬰孩及兒童發展上心理的保健；以及許多工廠與企業人事上之錄用與升遷，現在都賴於心理分析學之幫助。但是佛洛伊德最大的影響似乎不在應用上，而是他對「人」這個萬物之靈作了一個史無前人的估價，達爾文把人看作動物的進化；佛洛伊德則將人在社會文化傳統中養成的種種複雜行為，求一種解釋。對人作赤裸裸的了解。一向認為神祕莫測的靈魂，到佛洛伊德變成一組可以解釋的心理。

同馬克思的工作一樣，佛洛伊德的工作，也正是始於達爾文工作的終點。但是馬克思以為社會裡的人只有階級的成份，而人類的歷史只是階級的鬥爭；他從經濟的發展的迷信，把活生生的人看作了與生產工具鑲在一起的機器。佛洛伊德則用科學的分析，把活生生的人，在社會文化傳統以及經濟生活所造成的複雜的人，求一個基本的解釋。

追隨佛洛伊德的學者們，對於他的學說以後常有修改補充。如，阿德勒（Alfred Adler 1870－1937）就以為性的壓抑在兒童並不重要，他以為兒童因弱小之故，就有自卑感。蘭克（Otto Rank 1884－1939）則以為嬰兒離開母親胞胎獨立，就有出生震盪（birth trauma）為其心理最般大不安感的來源。榮格（Carl Gustav Jung）則以為libido包括性與非性之能，他以為人的種族記憶中有集體的下意識（collective unconciousness）之蘊結。霍妮（Karen Horney 1885－1952）則看重人的目前生活環境對於人的心理的影響。在人的心理之發展與其綜錯上，霍妮尤重視其所受的的文化因素。這種種理論的擴充修正，正是說明佛洛伊德學說還有無限的發展。不管理論上有如何的修正，其從人的傳統與環境中，分析人在發展上所受的影響，而探尋人之個性與人格之形成，則是一樣的。佛洛伊德學說之偉大，就在他奠定了對於人性的分析與研究的基礎。

人在佛洛伊德學說的探照下，我們可以知道，人不過是背著社會、文化與傳統，自己整天衝突的動物。一切自尊自大，浪漫式傳奇式的英雄或偉大的天才，一切用神話培養著的人同街上任何人並沒有什麼分別，皮膚白色同皮膚黑色的人也完全一樣。人的個體總只是一個隨時可以發瘋犯罪的動物。

這種「人」的觀念，可以說是悲劇性的觀念，但正是民主社會裡人的觀念。我們可以說，現代的文藝、繪畫、音樂、戲劇、電影，無論是什麼派別或標榜什麼，都是或多或少間接直接地受著佛洛伊德主義的影響。即使是追隨馬克思主義所產生的藝術與文藝，後來之趨向內心意識的衝突，也正是表示其在心理表現上不得不模仿那些受佛洛伊德主義影響的藝術與文藝。

我常讀戰後風行一時的存在主義的文藝作品，也只覺得他們是在誇大地表現佛洛伊德的觀點。象徵派的音樂，意象派的詩的暗示也正是心理分析時暗示病人的方法。新寫實主義（不是社會主義的現實主義）的精微處，往往就是佛洛伊德式的分析。野獸畫派的原始表現不用說，更是佛洛伊德式的單純的發展。

我並不是說這些藝術與文藝都是根據佛洛伊德學說而創立的，許多藝術與文學都是在佛洛伊德學說盛行之前就問世的，可是只有佛洛伊德學說為他們找一個心理的哲學的根據。這因為許多藝術的天才所努力的就是發掘人性，而佛洛伊德則是在科學與哲學上作同一努力而已。

佛洛伊德主義在藝術，在文藝，甚至在日常生活上的影響可以說是潛在的。受其影響的人甚至還沒有聽見過佛洛伊德，明明採取佛洛伊德的，還否認來自佛洛伊德。不像馬克思主義在鐵幕後世界裡的標榜，即使與馬克思主義毫無關係的，也必掛上這塊招牌，以顯其正統與貨真價實。

達爾文以後，馬克思與佛洛伊德這兩個天才對於人有這樣大的影響，這是即使在二十世紀初期都沒有人能料到的。將佛洛伊德與馬克思相比有許多有趣的地方，他們都是猶太人，同在五月裡出生。馬克思一生致力於社會的分析，佛洛伊德一生致力於人的分析。前者把社會與歷史看成階級的鬥爭。後者則在每個人心中找到推動力（cathexis）與約束力（anti－cathexis）的衝突。現在自由世界與鐵幕世界的文藝與藝術的異趨，也不妨說正是佛洛伊德主義與馬克思主義的對峙，也即是人性觀與階級觀的不同。佛洛伊德主義是否可以對抗馬克思主義，我在這裡不敢說。但有一點是無可諱言的，即是佛洛伊德的學說正是方興未艾，而馬克思主義則已是死僵，佛洛伊德主義是一個暗流，馬克思主義則已是一塊不見得與內容有關的招牌。馬克思主義的文藝，所描寫的意識衝突是千遍一律，受佛洛伊德學說影響的文藝，所描寫與表現的心理突衝突則是千變萬化的人性衝突。

今年是佛洛伊德出生百年紀念。在維也納大學他的銅像前將有許多花圈向他致敬。我這篇小文也只有對這位思想家作紀念而已。他的銅像下，刻著希臘詩人索福克勒斯（Sophocles）的名句「誰猜中名謎語者是最偉大的人。」這詩句是指Oedipus對人首獅身（Sphinx）猜謎而說。想因佛洛伊德曾以為每個人兒童時期都有Oedipus feeling，故以此詩句對他稱頌也。

佛洛伊德之偉大也就在揭露人性之謎。三、四十年來，中國似乎都在致力如何建立黨性。當黨性未能救中國於水火之秋，對人性多求了解，或也未始不是有補於世道人心吧？

一九五六、四、二九。

註一：本文內專門名詞之迻譯只作為暫譯，故除已慣用者外，一律附以原名。

註二：Sphinx之謎，猜不中的人都被它所殺。Oedipus猜中後，Sphinx即自己毀滅了自己。Oedipus為不自知殺了自己的父親，娶了母親，生了四個孩子的人。

註三：Oedipus felling即根據上述故事而來，即兒童都有對母親愛戀，而有恨父親佔有母親之感。

個人主義與個人的尊嚴

自中共佔據大陸以後，許多人對於自己思想有一種深沉的反省，胡適之先生對於自己過去相信社會主義為人類社會的演進，就自認為一種錯誤的認識。我比胡適之先生年輕，但我比胡先生更早相信社會主義，也較早的揚棄社會主義，這是說我只是在很短的時期中做了社會主義的信徒，相信社會主義可以使人類有真正平等與自由。我之所以這樣快能擺脫社會主義的思想圈套，有兩種偶然的因素：一種是當時我對於心理學的發生興趣，第二種是我的藝術論與社會主藝的思想體系不能相容。個人主義就是我從社會主義的思想走到民主自由的思想的橋樑。

在中國文化圈子中，個人主義是一直被人所排斥的；左右兩邊的黨派都反對這個東西。一般人都故意歪曲，或者真是不懂，把個人主義與自私自利自大混為一談。好些次我為文為個人主義辯護，但這類文章在當時是連發表的地方都沒有，更不用說可以引人注意了。

當我由個人主義渡到民主自由的思想以後，發現許多以民主思想為信仰的人竟也有不了解，不贊成個人主義的。這就使我感到非常寂寞。一直到現在，我發現真正了解民主思想與個人主義關係的朋友還是不多。

個人主義（individualism）並不是自我主義（egoism）也不是自大主義（egotism）。個人主義是把生物學上所認識的「人」放到社會上作單位的主義，即「人」，活生生的人，是任何何社會的一個單位，是不可再分割的單位。

人之所以不能再分割者，是因為人是一個生物的整體，有許多生物，如蚯蚓，可以一切為二，這二段蚯蚓可以仍舊生存，這在人是不可能的。生物進化到脊椎動物階段，神經系成為一個整體。進化到人，神經的總樞都集中在頭部。所以在心理上有一個統一的精神活動。這個精神活勵，不管如何複雜，它在同一時間不會有兩個意念。人可以斬去一個胳膊仍舊活著，但是斬去的胳膊已是無知無覺，而人則仍是一個人。我們只能說他的殘廢，不能說他是半個人。除了瘋子或神經病以外，人的精神活動是自覺的，可以反省的。

人既是一個不可分割的整體，所以他的存在是天賦的。世界上有許多人為的組織，被解釋為有機的的整體，如黨、如國家、如社會。但是我們不能承認，因為它是可以分割的，它同時可以有兩個或兩個以上的意念。

人的單位概念正是民主思想一個基礎。如果你不相信民主制度則已，相信民主制度就得承認人的單位，也就是說你必須相信個人主義。

個人主義的概念之所以為人所誤會，因為它的涵義是因民主思想之發展而形成，在現在，它是與人權概念不能分離，所以有人說個人主義應譯作人人主義才對。這是很有見識的話。實則在字義上講個人主義（individualism）與自我主義（egoism）是很相近，自我主義的極端者叫做自我中心者（egocentric），這種人往往以自己為世界的中心，再趨極端，就變成自我狂（egomaniac），這就已經到了變態的瘋狂的境域了。

人類文化的發展，是從人因需要而求了解環境，了解社會出發；因而對人的本身，則反而疏忽，對於人的本身的了解，在生物學是達爾文的進化學說開端，在心理學是佛洛伊德學說開端。到現在，人開始一步步的切實地在謀了解自己了。

我們相信民主思想的人，都會說出民主思想的根源：中西的大哲人都有過民主思想，希臘的雅典已經有民主的制度，孔孟遺教裡都有片斷可摘取的民主的認識。但是這些民主思想，都是不完全的。這因為他都不認識所謂「個人」——個體的人。雅典的民主只限於雅典的公民，當時的奴隸是不在民主之內的。人類對於「人」開始認識，是不到兩世紀的事情，但對於公民國民的認識，則已有幾千年的歷史了。

在人權運動的歷史上，出現於各國的可以說都是民權。民權既以國民為單位，就很容易被引到國家主義上去。一個國民要自由與幸福，必須先有富強的國家，因此國民就應當為國家犧牲一切了，連人權在內。這種國家主義後來就流於極權主義，而民主主義，也就限於公民的民主主義。這兩種其實還是希臘時代的斯巴達與雅典的形式。

在達爾文以前，人對自己沒有生物學的認識；達爾文以後，崛起了一種人種優越學說，如無色人種比有色人種進步一類的言論。這種言論到希特勒的亞利安種優越論成為最高的發展。種族優越論是毫無根據的一種學說，是公民的民主主義對待殖民地人民的一種理論。

種族優越論如果是對的，當然白種人裡還有優劣之分，希特勒的亞利安種最優說自然也可以成立。這就變成極權主義的理論了。

極權主義是集體主義，也是獨裁主義。他雖是講求集體，可是理論倡說者與獨裁者都是自我中心者，如黑格爾、如尼采之流。至於如希特勒、史太林，則已是有自我狂的人了。這種集體主義的獨裁者要反對個人主義原是必然的。因為自我中心者就是不能容第二個自我中心的人。

但是個人主義不但不是自我中心者，而且最反對自我中心。因為個人主義是把人看作生物的個體，而人人都是平等，人人都有天賦的人權與其個體的尊嚴的。個人主義反對自我中心，同時也反對種族優越論。個人主義者從生物學、生理學、心理學去認識人，人就是人。人可以有強弱、智愚之差異，但都是人，不是超人，不是神。人人有他的優點，人人有他的缺點。沒有一個人是全智全能、十全十美的。因此人人都有他人格的尊嚴，人人應承認每個人人格的尊嚴。這是真正個人主義的主張。個人主義是因為對人的認識而深人，其意義變成非常肯定；因為民主思想的進展，其概念變成十分明確。這二者是不可分的。

個人主義如沒有民主政治思想的含義、個人主義很容易就流入自我主義，甚至成為自我中心者；民主思想如沒有個人主義的含義，這民主思想是不徹底的，是沒有基礎的。它最多只能成為公民的民主主義。

第二次大戰以後，人有新的覺悟。這覺悟就是民主思想與個人主義的思想有新的結合。這結合最明顯的就是見於聯合國的普遍人權宣言，它於第二條上說：

人人皆得享受本宣言所載的一切權利與自由，不分任何差別，例如：種族、膚色、性別、語言、宗教、政治或其他意見，國籍或家世、財產、出生或其他身分。

不分一切，而承認人的基本人權，每個人都有這人權。你要尊敬我的人權；我要尊敬你的人權。你要尊敬我人格的尊嚴，我要尊敬你人格的尊嚴。這個「人」的概念，是直接從生物學來的，不限國界的公民，種族的優劣，更不限於年齡、職業、地位、身世。這就是個人主義所說的「人」的單位。

近年來，我同許多民主人士接觸；大家愛談政治的自由，言論的自由……等等，談到個人主義，似乎都不甚注意或了解。實則它正是民主的真正基礎。而有許多人士竟有對它完全不知其為什麼者。舉一個例來說，如最近香港出版的《熱風》半月刊上就有曹聚仁先生的一篇「自由與組織中義」的文章。他說：

「譬如單純的個人主義的社會，如魯賓遜一般生活，貨幣是不存在的，道德是不存在的；然而我們並不能在孤島上過魯賓遜式的生活，人生總是鐘擺似的，動盪於『個人主義』與『社會主義』——自由與組織兩極端之間。貨幣是存在的。人類的矛盾就是這麼開了頭的。」

把《魯賓遜飄流記》裡的生活，當作個人主義，以為離群獨居的生活是個人主義，這真把個人主義不知誤會到什麼地方去了。曹先生是做個多年大學教授與新聞記者的人，竟如此不了解個人主義，可見個人主義在中國之不流行與無人注意了。

自然曹聚仁先生在那篇文章上，還把「社會」與「社會主義」相混淆了。他說：「人必能成為『社會人』，才可以活下去，那是無疑的。」又說：

「……所以，人必能在人群社會中活下去，否則，即如魯濱遜一樣飄流到荒島上，也還是依靠著人群生活的經驗來生存的。」

這些話都是對的。但與他上面所說社會主義有何關係？人脫離不了人群與社會，但並不能說脫離不了社會主義。社會主義是把社會組織化的集體主義，而真正的民主社會則不是組織化的。

社會的人群，只是結合（association）的關係，不是組織（organization）的關係。學校是一個社會，我們送孩子入學，參加那個社會，不能說是參加組織。我們一生出來，就在一個父母的家庭，這是一種結合，不是參加組織。

人是社會的動物，但不是組織的動物。人不能離社會而生存，但不能說人不能離組織而生存。學生入學校，學校有許多組織，他一個都不參加，還是學生，還是學校社會的一份子，他還是有讀書的權利。這只是舉一個例子來說明。其實所謂個人主義就是社會的意義，離開了社會，就無所謂個人主義。一個人不能稱為社會。個人主義就是在社會中以個人為單位的一種主張與思想。這種思想在政治上就自然的與民主思想相結合，民主的社會不是組織的社會，但不是說沒有任何組織。個人主義也並不是主張社會不應有任何組織。不過個人主義者主張有參加與脫離任何組織的自由。學校的行政機構是一個組織，這組織是為處理學校事務而存在。因為有學生所以有學校；學校要管理，所以有組織。組織是為學生而設立，並不是學生為學校的行政組織而來。

不用說，個人主義是主張個人自由的。而個人主義的自由，又是極力尊重別個個人的自由的。基於這個理由，個人主義是最尊重秩序的。而秩序與自由是相得益彰的事情。如馬路上的交通，因為要自由，所以有交通規則所定的秩序，因為有秩序，所以大家有自由。倘沒有秩序，馬路上阻塞不通，車翻人亡，還有什麼自由？譬如購物排隊的秩序，也是為個人的自由；如不是為個人的自由，則強者搶先，弱者永遠被擠在後面，就不需要秩序。個人主義以人為單位，故最尊重秩序，但是曹聚仁先生在上述的那篇文章中又說：

「……有時候他想建立秩序，有時候又渴望自由；把秩序和自由合而為一，似乎又在他的力量之外。」

把自由與混亂，秩序與組織相混淆，這是中國提倡自由與秩序以來一直沒有人把它澄清過。往往反對自由實在不過是反對混亂，而履行自由者實際只是履行混亂。在自由戀愛運動中的家庭悲劇，學生運動中的學校悲劇，許多都是根源在此。這就是中國沒有好好地推行個人主義的教育與提倡個人主義的思想所致。

個人主義實際上與社會的秩序最能融和而互相合拍的。個人主義的自由與組織有時可以不十分一致，但是個人主義並不反對組織。個人主義只是認為組織的目的是為維護社會的秩序與個人的自由而成立。所以從這個原則出發的組織，個人主義者不但不反對，而且是擁護的。所以在個人主義者講起來，組織只是手段，不是目的。組織是人的工具。人運用組織的工具來維護、保衛個人的人權與自由，這正如一個發電廠為維護每一盞電燈發電是一樣的。當組織成為目的而失去手段意義的時候，個人主義者馬上會敏感地覺得這組織一定是為一個自我中心者所利用，而通過這個組織，要將「人」降為手段了。所以提倡個人主義，也就可以防止獨裁。在個人主義發達的國家，自我狂的英雄很難操縱組織，就是這個道理。

以前有人說民主國家有自由沒有平等，社會主義國家有平等而沒有自由。這種謬見現在已經不值一辯。蘇俄等國家之不平等已有目共睹。中共王實味對於不平等略有微言，就被清算，認為平均主義是小資產的空想。其實自由與平等不是兩件毫無關係的事情。天下最不平等的事情就是一部分人有自由，一部人沒有自由。個人主義者認為人生來就是平等的，大家都有平等的人的尊嚴，而人人有生的權利，這「生」的平等應由政府——這是一個維護每一個人人權與自由的組織——來維護。至於「生」以上的物質上的平等，個人主義者並不能要求，這因為個人的旨趣不同，有人愛懶惰儉約，有人愛忙碌富有，有人不愛任何享受，獨愛收集郵票、書畫，有人愛吃，有人愛穿，這是無法使人人一樣，而表面平等的措施，往往就是失去了最首要的平等——自由的平等。

個人主義從生理學、心理學上認識人的體力、智力、旨趣的不同，所以並不主張高低一律的平等，或所謂平均主義；但個人主義，也其從生物學、生理學、心理學來認識人，所以也深切地知道人是要死、要老的，人的生理隨時會有毛病，人的心理隨時也會有病態，因此個人主義不相信有全智全能的人。個人主義者認為任何英雄、偉人、聖賢，一旦神經錯亂，都會有荒謬絕倫的言行，因此個人主義者不相信任何獨裁的英雄與聖賢。

個人主義者不但不相信大陸似的以一個人的思想為思想，這種荒謬的話，他還不相信一個人，一個活生生的人，一個新陳代謝的人，如果他有進步，他可以死守一派一家的思想。

總之，個人主義者覺得人是生物學的人，在生老病死的過程中，人必是不斷的有改變，也絕對相信別人也要改變的。而一個人的思想情緒常常因他年齡的老大而保守，因他心臟衰弱、消化不良或其他生理上阻礙，而反常。所以個人主義者不得不相信民主制度為他的社會理想。

民權運動不過兩世紀的事情，英、美等民主國家從民權了解到人權；如聯合國憲章所表現的則是最近的事。但是在國際言行上，真正明確地相信非徹底接受個人主義的思想不足以發揮民主的意義，到現在為數也不很多。落後的中國，對於個人主義思想之曲解誤會，原來不足為怪的。中國人論民主，好引用孔孟的遺教，以說明民主為中國古已有之思想。但是孔孟學說中對於人的基本權利就從未談到。孔孟的思想對於人是從關係上來著眼，如父慈子孝、兄愛弟敬，都是從人與人的關係中奠定做人的道德。真正個人的人格的尊嚴，屬於不可分割，不可侵犯的人的權利，孔孟則都未曾注意。孔孟對於「士」與「庶人」有不同的要求，他要求「士」有人格的自覺，但是這自覺是主觀的，不是客觀的個人的尊嚴。所以也只是從對社會關係中要求他們不同於庶人，並不是與人不可分割的一種他人不能侵犯的人權。

因此，傳統上中國人是不講求個人的尊嚴，但我們一直講求家族的尊嚴，個人的名譽得失都是為家族的尊嚴而存在。所以對於個人往往看作家族的附屬物。子女多的家庭對於失去一二個子女，尤其不賺錢的子女，不當一回事。未成年孩子在家庭裡都不當他是一個人，更不顧到他獨立的人格的尊嚴。這與西洋家庭是非常不同的。西洋的家庭對於孩子都當他是一個平等的人。每月給他月規錢，由孩子自己支配；如果有額外工作要孩子做，像美國般的，父母還給他工錢；孩子自己支配自己的錢，他可以幾個月不用，積蓄著去買一件自己想有的東西，或者到聖誕節時送父母購一件禮物。中國家庭的孩子，有的要花就花，有的隨花隨給，他始終是與家庭混而不分。如今許多家庭學會了洋派，孩子們到聖誕節也時興送父母一點禮物，但無非是臨時問母親要錢購物來送父親，向父親要錢購物來送母親。所以中國家庭裡的孩子從來沒有獨立的人格的感覺。西洋的孩子有他的私產，私信，中國的孩子從來都視作屬於家庭的。所以個人主義在中國自幼都沒有培養，離家庭後往往就覺得孤獨無依，以後就很容易就加入幫會，或者是師門。把幫會或師門的小團體的尊嚴代表了家庭的尊嚴。所以中國人很少看重或了解個人主義。社會上看到個人無黨無派的意見，都要分門別類歸入什麼派系什麼幫口。如果發現那個人是無黨無派的個人，不是爭取他，就要打擊他，罵他不知團結或是小資產階級意識。

其實所謂團結，還是個人的團結，如果個人並無獨立的人格，那就不是團結，而是歸附。

他的歸附，不是為有所貪圖，就是因迫不得已。

個人既然為民主社會單位，所以民主社會所謂多數，是真正個體的多數，所謂合作，也是真正一個一個單位的合作。倘若不是個人主義的，那麼多數與合作都是謊話。鑒於鐵幕後國家的選舉與大陸上的農村合作社就可以明瞭。我們知道，在民主國家裡，一個家庭中父母子女的選舉票不一致是極為普通的事情，因為他們有個人主義思想的基礎，而獨裁國家可以有全國一致的投票，這可見它的所謂多數完全是騙人的。

我們說社會是一種結合，不是一種組織，這結合是自然的。獨裁國家則要把自然結合的社會拆散，重新組織一個沒有個體活躍只有集體的社會。結合的社會是一個森林，裡裡面的樹木並不整齊一致，但都是一株一株有生命的樹木，極權國家所謂社會，裡面則是一株一株木樁，這些木樁雖是樹木所做，但早已被斬過削過，完全失去了生命。民主國家的政府是人所組成的，裡面也是一個一個的人，他也就等於森林裡的樹木。獨裁國家的獨裁者則是超人，他是斬木削木的人，不在木樁裡面的。這些人大都是自我中心者或甚至是自我狂者。

這裡可以知道把個人主義誤解作自我主義是多麼錯誤的認識了。這裡也可以知道個人主義才是真正與人彼此相尊敬而共存的主義，並不是孤獨的離群主義。這裡也可以知道如果不遵循個人主義的思想，是無法有健全的民主思想的。

現在我們大家都知道唯一可以反共的力量是真正民主的思想了。但是民主思想如果不全部接受個人主義的思想，民主思想是不徹底的，這不徹底的民主思想正是共產主義的溫床。某些地區，共產主義之所以會如此猖獗，就因為那時的統治者並沒有把當地的人民當作個人的單位，也就是說並沒有以個人主義的思想去待人待己。中國不必說，中共能佔據大陸的主要原因，民國以來我們始終沒有提倡個人主義，一切舊的傳統，新的措施都是迫使個人寄生在家庭，在幫口，在派系之中。沒有個人主義，所以民主的思想沒有基礎，民主制度也無法健全。

世界在今日，每個國民都不能閉關自足。民主國家應常有真正的覺悟，遵循聯合國的普遍人權宣言，無分別的尊重每一個人。公民的民主主義是早已落伍了。在東南亞，在自由中國，更當即時提倡個人主義。普及了個人主義，民主制度很容易建立。個人主義不普及，有了民主制度還是不會穩固的。

其實要建立個人主義的意識是不難的。只要每一個人在每一件事上問問自己是否在尊重自己與別人的人權。家庭裡對於你的妻子兒女，工作上對於你的下屬，生活上對於你的隣人，你的一言一行是否都沒有侵犯別人個人的尊嚴。

所謂人的尊嚴，我在這裡用的包括兩種意義：第一種是人權的意義，即是說一個人一生下來就有他的不可分割的人權。也即是我所說的人格的尊嚴。第二種是職權的意義。這是說每個人都由他的職責尊嚴，一個人在他的職位上有他的尊嚴。人權基於憲法，職權基於法律，本不需詳論，但如大家沒有個人主義的意識，人權與職權就往往會被自己或別人所侵犯。人權人人一樣，較易明白；職權則各各不同，如一個交通警察在馬路指揮交通，任何人的車輛都須聽他的指揮，這是他的職權。一個海關檢查員在關卡檢查，任何人都須聽他檢查，這是他的職權。可是在沒有個人主義意識的社會裡，往往一個警察或一個海關檢查員會對於一個達官貴人不忠於他的職責；而達官貴人也往往因自己的權位，而會侵犯別人的職權的尊嚴的。

最近英國首相艾登夫人干涉鄰居晒衣服，被那位隣婦駁回，是個很好人權的例子。其實艾登夫人的干涉不過是一種商量，可是那位隣婦認為這是侵犯她的自由，不買帳。這可以看到英國的民主制度中，人的尊嚴是多麼自重與被重了。

還有一個很好的例子，是第二次大戰時候，美國戰鬥機被擊落在瑞士境內；瑞士的海關人員要美國人納稅。美國人不肯，認為這不是貨物進口，而且這些飛機，也都已損壞。瑞士的海關人員說，不管是什麼，只要你的東西進我的國境就要納稅。美國政府於是同瑞士政府交涉，瑞士的政府只得由自己的國防部付稅給海關，認為這些破銅爛鐵是國防部購買的。這裡可以看出瑞士的政府是多麼尊重海關人員的職權，而瑞士的海關人員是多麼看重自己的職權了。

所謂個人主義，在實行上就是對於自己，對於別人，看重人的尊嚴，這在家庭中，在學校裡，在馬路上，在任何場合中都可以碰到。不提倡個人主義，光談民主，不是流於派系、幫口勢力的平衡，就是獨裁的藉口罷了。獨裁的蘇俄，不也口口聲聲以為他們是真正的民主麼？

一九五六、三、八。

自由主義與文藝的自由

一九五二年五月，自由主義的藝術家們在巴黎發動一個國際藝術節。在這國際藝術節中，一切節目都是獻給二十世紀內在暴政、狂熱主義與無恥的行動下所犧牲的男女與幼童。為希望表達在自由主義精神中所產生與所培養的文化之壯健與活力，那個藝術節有一個包羅萬象的音樂、繪畫、雕刻、文學、戲劇的展覽與表演，博得了全世界自由主義者的同情與讚揚。

在這個藝術節中所展覽與表演的，可以說包括一切的藝術上的派別與主義，許多蘇聯所不容或禁止的作品——繪畫的、音樂的——也都在這個藝術節裡出現了，所謂「百花齊放」與「百家爭鳴」的面目在自由主義的精神中，怕決不是光以此為口號的人們所可以想像的了。自由主義的藝術的內容，自由主義的意義已經包括了一切。藝術與生活，在自由的意義下，是最一致的。生活失去了自由，就無法說是生活，藝術沒有自由，也無法再說是藝術了。

個人之所以能有自由，最根本的當然是先要有經濟自由；但要看一個社會是否有自由，最首要的則要看是否有藝術與文學的自由。倘若一個社會連藝術與文學的自由都沒有，其他行動、言論、出版的自由更談不到了。

言論自由是意見傳達的自由，藝術自由則是情感表達的自由。一個人從母胎出來，沒有意見以前就已經先有情感。一個嬰孩離開母親的啼哭，見到陌生的人而驚懼，這些也就是藝術、詩歌的起源。

自從有了藝術、文學都是宣傳的說法，好像贊成與不贊成，也只是語意上、文字上的爭執。這原因是論者迄未了解表達與傳達的分別。其實即使最廣義的宣傳也只能包括傳達，而並不能包括表達的，因為為傳達與表達，實際上根本是兩件事情。傳達的意義清清楚楚，是對人的。表達的意義則往往是含糊不清，是對自己的。傳達則至少有一個聽眾，表達則根本不要聽眾。一個人悲傷，往往喜歡關上房門哭一場，就是一種表達。一個孩子，犯了什麼錯誤，或受了什麼委屈，他一個人躲著哭泣，這就是一種表達。表達因此可以說是生理上的某種行為，目的在調節心理上的一種蘊積。人在感情上的喜怒哀樂，有時候為要人同情幫助，固然也要求傳達，但那是遠在表達以後。一個人失戀了，他終日閉戶不出，長吁短嘆，這是表達，他並不想把他失戀的事告訴別人。但隔了半個月、一個月，他就開始想同人談到他傷心的實情或要求找一個人談談，這才是傳達。有一個太太在路上看見一個每日買他報紙的小童被汽車撞死，回家後流淚嘆息不已；丈夫來問她有什麼事。她只說：「你出去好不好？我想一個人待一會。」就是她並無傳達的要求。可是到第二天，她就開始把這件情與她的感覺告訴了她的丈夫，這時候才是傳達。

藝術家的創作，成為藝術當然是要拿出來給人欣賞，在這意義上，固然是傳達；但是在藝術創作的過程中，則實在是一種表達。這就是說，他在創作的一剎那，他要把他所感的表達出來，本身就是一個目的。許多詩人寫好詩放在抽屜裡，一直沒有想到去發表或給別人去看，或者隔了許久才給人去看的。也可以看出表達與傳達根本是兩件事情。

以前帝王的專制政治下，沒有言論的自由，但還有緘默的自由。但在現在的極權制度中，則不但沒有緘默的自由，連表達的自由都沒有的，不但沒有表達的自由，連不表達的自由都可能沒有。

這話聽起來好像很費解，但舉一個例子，就很容易明白。

大陸前兩年，提倡老大哥蘇聯的無痛接生，可是毫不靈驗。

如果一個產婦說：「還說是無痛接生，我痛死了。」這當然是故意毀謗先進的科學。那個產婦不敢說，那麼不承認也不否認就好了。別人問她，她可以不答，這就是她還有緘默的自由。現在不許她不說，偏要她說：「我不痛，我不痛。」這就是已失去了緘默自由。但是她雖是失去了緘默的自由，嘴裡說不痛，她還可咬緊牙，皺皺眉，嘆口氣，呻吟一、二聲。這就是她還有表達的自由。現在偏又不許她有這些痛苦的表達，她只能屏息而睡，一聲不作，這就已經剝奪了她表達的自由。可是這樣還不夠，你必須示一種感謝這無痛接生的愉快，你還要面露笑容，裝出輕輕鬆鬆的躺在床上，讓先進醫學家，華僑參觀團來看。這時這個產婦已經失去了不表達的自由了。

一切極權國家的文化宮、療養院、兒童園，其實都是叫一群肚痛的人面露愉快的笑容，以供人參觀的。可是竟有許多天真的記者與觀光團之流，到了這些地方就相信極權統治下的工人與兒童是多麼幸福的。

沒有「不表達的自由」，也即是強制表達。以強制表達來說，不禁使我想起雨果的一本小說「笑面人」了。

笑面人的故事大概是這樣的：「有兩個政敵，甲把乙的全家都殺了，只留下乙方的一個兒子。甲沒有殺他，但叫一個外科醫生把他的臉部改裝成一個笑臉，永遠裂著嘴在笑。甲說：『叫你永遠笑你父親的愚蠢。』以後這個笑面人長大，進了馬戲班，做個丑角，到處受人歡迎，殊不知他的歷史與他心裡正有說不出的痛苦。」

這是一本厚厚的書，我讀了很久，現在也不十分記得了。這裡說這個故事，只是覺得這正是一個強制表達的極好例子。而這也是現在極權國家所控制下人民的笑容。

表達可以是一種表情，也可以是一聲嘆息、一聲呻吟，進一步也就是歌謠與詩歌。文學的本質是表達，所以這是離不開作者個人的。自然，在社會進步、文化發達、文學變成一個專業之時，文學家憑他的觀察、體驗與同情可以寫出不光是他個人的表達，但是這總是人的表達，不管多麼技巧與曲折。

既然是人的表達，在自由主義下，如果我們要主張言論自由，那麼比言論自由——即所謂傳達自由——更根本的表達自由，就更不應當限制與干涉了。這原是很簡單的道理。

現在很多人談言論自由，往往意義弄得很分歧，有許多報刊竟將言論自由，只指批評政府言論的自由，這使言論自由的意義更不清楚。最奇怪的竟有主張，人民應有言論自由的報刊；對於文藝，反而主張限制與領導的。這就等於允許一個人講話而限制他呼吸一樣的可笑了。

文學與藝術第一步是表達，第二步是傳達。傳達自然有社會的意義。一個文學家如果是人，他的表達正是反映他所屬的或他所同情的民族、社會與傳統。他的呻吟呼號，正是在某一政治制度下的呻吟呼號。倘若政府是屬於民主，是為所屬的人民謀幸福的，政府正可以由此而注意社會上種種問題。一個文學家、一個藝術家的表達當然還可能有別種因素，但到許多許多文學家、藝術家都反映某種的不平，那麼這個問題就往往是一個很嚴重的問題了。在這樣的情形下，政府就應當反省自己的政策與措置，如不反省自己的政策與措置，反而不許這些文學、藝術的傳達，或甚至不許這些文學家、藝術家的表達，那些不平與不滿就可能變成政治上的問題了。譬如少數民族的被壓迫的問題，兒童失學的問題，以及童工、貪汙，諸如此類的問題。凡是文學、藝術所表達的，正都是值得政府當局去注意的問題。自然，文學、藝術所表現不只如此，它還有屬於哲理的、心理的種種問題，好像與現實無關，但是與整個文化的發展非常有關係的。政治不許它存在，無形中正是斷絕文化的發展與智慧的普及。文學與藝術發展到愈抽象，也愈代表人的與民族的心靈。

為這種種原因，自由主義是必須容納一切的文學與藝術的內容與形式，這完全是從個人的表達出發的一種理論。

極權主義的文學、藝術則不是從人出發，而是從政府出發的。政府養了一群文人與藝人專門作傳達別人的「被強制的表達」之用，這也就是說，這些文人與藝人，根本沒有表達，而只是傳達。因此，在極權主義下，文學、藝術就只剩了宣傳。因為要傳達的既是「被強制的表達」，也就是政府所要的表達，所以不能深入，一深入就可能寫出人們所要表達的情感與感覺，這就不是政府所允許了。等到這些御用作家習慣於傳達的時候，他們往往就無需去看別人的「被強制的表達」，只要打聽政府所要強制的表達，根據政府的所要就可以閉戶造車。譬如寫用蘇聯的無痛接生術的產婦，笑容滿臉，甚至聲聲地說，一邊做工，一邊就可以生孩子，不必躺在床上；一面還可以寫一個不懂無痛接生術的醫生，就使產婦狂哭不已。又譬如寫加入集體農場的農夫如何富裕，不加入者如何貧窮。諸如此類，你寫我寫，變成一個大家都會寫的公式。

自由主義主義的文學與藝術所重的即是表達，極權主義所重的即是傳達，其分別已是很清楚。

所以，極權主義把文學、藝術當作單純的宣傳，這倒是名符其實的一種說明。極權主義的文學、藝術既是重於傳達，所以它是從上到下，奉命傳達而已。用比喻來說，這種傳達主義的文學、藝術，正如犬吠。

犬成了家畜以後，吠成為一種本能。牠的叫有兩種根據。第一是同類吠聲。第二是主人的意志。

我們大家對於狗叫總還不太陌生，一個巷子裡，如果有兩隻狗在叫，第三隻狗一定應和著叫起來，於是第四、第五、第六……結果全巷子的狗都叫了起來，即使是最懶惰的狗，躺在地上，盤著腦袋，也要不動聲色的隨便叫幾聲。這叫做「少數服從多數」，乃根據同類的吠聲而叫者。

第二種，那是體會並秉承主人的意旨，對主人不歡迎的客人而叫。一見陌生人走近來，就「汪汪」的叫起來。如果主人出來，對這個陌生人竟非常恭敬客氣，開門相迎，這隻剛剛狂吠的狗，馬上會低頭搖尾，向敵人表達親善。這叫做「下級服從上級」，乃是根據主人的意旨而叫的。

所以他們實在是無自己的感情或感覺要表達，而是跟隨儕輩的吠聲或是秉承主人的喜惡來傳達就是。

照說這樣根據少數服從多數，下級服從上級的原則來傳達總不會錯了吧。可是也不容易，因為第一是多數很難捉摸，一隻狗多叫幾聲，就會像是三四隻，你響應好，還是不響應好？第二是主人的意思往往不預先告訴你，而且他的意旨也常常改變，今天告訴你該吠的，明天就會說你犯了錯誤。

因此，即使光是「傳達」，也要揣摹此時此地的風向。不久以前，蘇聯幽默性週刊有一幅漫畫：「在一張書桌上高高地堆著寫作材料，一直高到與高入雲霄的氣象風針相齊。風針是四支筆所組成，下面傲慢地坐著一個劇作家的秘書，她正在告訴來客說：『當沒有風的時候，他是無法寫作的。』」這就是說明雖是傳達，要正確的叫，也實不容易的。

在自由主義下，文學與藝術的創作重於表達，那自然可以隨意表達了。如果光求表達，不謀傳達，這當然很簡單；可是要謀傳達，這也就非常複雜。因為自由主義制度下，看不看你的作品，則是別人的自由，不像極權主義下，任何作品可以當作學習文件，叫人普遍學習；也不能當作政府文告，叫人非看不可。它必須引起人的興趣，喚起人的注意，使人尊敬你的感情與思致，愛好你的風格與趣味。所以這就成了一個值得思索的問題。

當文學、藝術已經變成商品，文學家、藝術家成了專業的時候，於是這些文學家與藝術家間就產生了競爭。這競爭有好有壞，好的是在作品的水準不斷的提高，不斷的豐富，壞的則是成了專求多產與多銷。

對於這些所謂壞的作品，自由主義也並不必對它作法律以外的取締限制，認為這些作品雖不足稱為藝術，但也有它娛樂的價值，它有它存在的權利，但相信社會的進步，教育的普及，教育水準的提高，人們娛樂的趣味進步，這些低級的作品也須隨之把趣味提高，才可以存在的。我在以後還要談到這壞的方面的影響，這裡先談所謂好的方面。這好的方面的意義乃是作品因自由的競爭，產生了內容與形式的豐富與水準的提高。可是這當然不是傳達的意義上，而是在表達的意義上；因為作品的本身本來是作者的表達，成為創作，到表達算是已經完成。

所有藝術創作上的問題，因此都是關於表達的問題，而一切藝術的派別也都是關於表達的分歧。

所謂表達，第一步當然是一個人主體——我的表達。可是「我」是一個生理的機構，它所要表達的，就是對於外界及他人的反應。這即是說，只是「我」接觸到外界後，才有所表達，那怕最原始的感覺，即一出母胎所感到的寒冷，也是因為接觸外界的空氣而起。外界的範圍很廣，胎兒在母胎裡，營養的輸予就是外界，一出母胎，營養的來源斷絕，急著要找母乳，也就是對於外界情境變化的一種反應。一個人在成長中，外界愈來愈複雜，反應也愈來愈複雜，因此，在文學、藝術的表達中，就產生許多不同立場與態度。這些不同的立場與態度，不用說，因為世界環境的變遷，哲學的、宗教的與科學的發展，有千變萬化的演變。就是一個主體的我對外界的認識與其同外界關係，也因各種思想的解釋，有不同的理解。

每個人都有個「我」，我以外都是外界，但在人類進化之中，因為言語的關係，不久就發現每個人都有一個「我」，這就是對於外人的認識。在文學與藝術發展之中，一個人的表達，如果代表更多人的表達，這種作品可以被更多的人欣賞而流傳，這是很自然的事。但另一方面，是我的成就與我的發揚，可以引起別人的嚮往、追尋與鬥爭；這種的表達，也很容易被人所欣賞與流傳。

文藝復興以後，藝術的變化，可以說就是這兩條路。浪漫主義正是後一種的發展，寫實主義則是前一種的發展。

人因為可與人作喜怒哀樂的溝通，不得不承認人有一個共同的理性，這理性對於外界自然也可有共同的了解。這種見解，可以說一直是作為文學、藝術表達上的一個原則。十七世紀以來，因為科學的發展，發覺世界也正是一個有規律，有條理的世界，因而想到人也具有一個與世界的規律與條理相符的理性。這是寫實主義的基本信仰。可是在另一方面，承繼著中世紀對於天堂的嚮往，追尋永恒不變的完美，力求自我發揚，發揮感情的與意志的力，謀超絕人寰，這則是浪漫主義的基本態度。但是這兩種態度，也只是我們在了解上的分類而已。事實上，在藝術家的創作過程裡，也並非如此單純的。

寫實主義認為藝術家的任務，就是反映真實的外界，但是，追求外界的真實到了極點，這真實就變成非常空虛。於是有人就說，所謂外界是什麼呢？不過是我的感覺而已。有的說，我所知道的外界實際上只是我腦裡的印象而已。所以我們的表達，既不能真實地表示外界，還不如老老實實表達我所獲的印象或我的感覺。這又從外界回返到我了。

另一方面，浪漫主義，在追尋完美失敗或失望之後，他也常常回到了現實中的我，這個我的所有，往往也只是一些感傷的空虛的感情，或者是在完美追求的過程中的一些幻想。

因此，不管是什麼樣的藝術家，不管他對於創作抱什麼樣的態度，所謂藝術創作的意義，實際上也只是限於表達的意義。

但是，一切的表達，必是有所表達，這有所表達，往往就是對於外界的不滿與抗議。實際上也就是對於人生的不滿與抗議。而所謂人生，在社會發展到現在，大部分也就是指社會的、政治的、與經濟的生活。在這個階段中，這已表達的作品，就有傳達的要求了。

自由主義不但承認人人有表達的自由，也還有傳達的自由。藝術家所表達與傳達的是他的世界，他的世界與另一個藝術家的世界或有不同，但是其有表達的自由則是一樣的。在自由主義的世界中，藝術之豐富的意義也就在此。

可是許多藝術家與作家，因為他從我的表達中往往認為自己的世界是最完美的世界，以為人人應該依照他的理想才好。這時候，這個藝術家與作家往往是反對自由主義的。

以寫實主義態度從事藝術創作的人，他從真實的暴露人生，批評人生，到了放進自己一個理想的世界時，他見了別人不同於己的理想，就可以視作不能並容的敵人；一個以浪漫主義態度從事藝創作的人，他對於完美的追求也往往自認為唯一的完美，與這個完美衝突的意念當然被他輕視或敵視的。像這樣的作家與藝術家們走向集體主義的路，原是很自然的，尤其是當他們在自由世界中，在精神或物質生活方面不能有自我的發展的當兒。

二十世紀以來，一方面物理學的猛進，伽利略、牛頓所建立的有條有理物理世界已經動搖，固定的、切實的物質概念也已幻滅；一方面，因心理學，尤其是心理分析學的發展，人類以為一直可靠的理性也有了疑問。寫實主義者失去了外界，浪漫主義者失去完整的自我；現代主義的藝術所表達的外界是紊亂歪曲的人生，所表達的我是壓抑綜錯的感覺。以這樣的外界投入這樣的我，以這樣的我反映的這樣外界，藝術的表達因此就產生各種光怪陸離的作品。我們不敢說這樣的現狀將發展出了什麼樣的洪流，我們也並不想定一個方針去範圍藝術，可以領導藝術的只是藝術本身，一切其他的力量，無論政治的或是倫理的領導都是限制藝術的表達。即使以現在情形來說，雖然許多人都覺得，現代的藝術不夠領導時代，但我們如果不以一派、或一、二家的作品來論，而將所有當代的各派各家的藝術綜合地來看，我們馬上可以發覺，現代藝術之豐富也正是它的偉大，而未來的發展正是有不可預測的前途。

我們再看與自由主義相對的集體主義世界下的文學與藝術，自從蘇聯革命成功以後，他們揚棄了革命的浪漫主義，專以社會主義的現實主義為依歸。幾十年來，內容愈來愈貧乏，意識概念化，技術公式化，已成他們文藝界累次提出來的問題。

革命的浪漫主義本來是革命未成功前所需要的，革命已經成功，統治階級謀鞏固自己的統治地位，空想完美的浪漫主義對於現實一定不會滿意，所以再不能任其存在。當時許多革命的熱情的詩人如葉遂寧，瑪耶潤夫斯基等的自殺，也正是對現實的失望。

那麼所謂社會主義的現實主義到底是什麼呢？

我上面說到自由主義的寫實主義──現實主義的基礎是一個有規則，有條理可了解的世界，同一個有理性的人。現在伽利略、牛頓的世界已經瓦解，世界是一個歪曲紊亂的世界。可是社會主義的現實主義者則認為世界仍是有法則有條理的，這規則與條理不是來自伽利略與牛頓，而是來自馬克思。馬克思認為歷史的發展有一定的規則，人類社會因此無法逃避這歷史的鐵則。人在歷史之中，有其階級的任務，誰爬到歷史進展的頂點，誰就是英雄。要了解這歷史的社會的發展的條理，唯有實踐。因此，作家、藝術家要創作必須實踐。這就是說藝術家必須承認而了解這個法則與條理。不承認，就是不了解。不了解就是因為沒有實踐。因此作家、藝術家的任務，實際上就是傳達那個不可否認的法則與條理，與由此而來的各種政策，誰傳達得最正確與完善，誰就是最進步。自由主義作家要致力表達，因此第一個問題，就是表達什麼。現在，在極權主義的社會裡，表達的內容既已確定；藝術家因無法致力於表達，亦不必致力於表達，他只要致力於傳達，而傳達的也只是統治者的意旨。因為統治者是唯一可詮註那不可否認的歷史與社會的，不可否認的條理與法則者。不但傳達的內容已經是如此確定，而傳達的形式，因為要力求明確與符合，所以必須是所謂現實主義。因此，那些社會裡的藝術家，其創作不過是小學生寫紅字簿一樣的工作，只要照著有紅字的上面用墨筆蓋上去就是。按說是再容易不過的。所難者則是統治者的意旨與政策偏是常常改變，今天罵法西斯，明天德蘇訂立互不侵犯條約，又要改罵為讚；今天稱頌邱吉爾為偉大政治家，明天就要罵他戰爭販子。那班負傳達使命的作家、藝術家們，一本書、一幅畫還沒有完成，主題又必須改變，如若已經完成，那就一定犯了錯誤。這就是上面所舉漫畫的意義。作家與藝術家就永遠需把守風的方向了。

因此，將自由民主世界中的文藝與極權主義世界中的文藝比較，可以說完全是是兩件事情，前者是個人的表達，後者則是政府的傳達。但是在不了解極權主義世界中文藝創作的情形看來，可以發見一個事實。這事實就是：寫實主義時代所依據的有條有理有法則的世界，在自由主義世界裡已經崩潰，可是在極權主義世界中則有了另外一種存在。以綜錯壓抑的感覺在紊亂歪曲世界中摸索的許多藝術家，他們久陷於痛苦徬徨之中，對於法則與秩序有一種幻想，因此當看到別人尋到了這些法則與條理，就寄以莫大的希望，以為這正是一個可靠的有希望的秩序；這就是為什麼像畢卡索，薩特一類的人會轉向共產主義了。可笑的是他們的作品並未歸隊，還是只作個人的表達。倘若使他們居住在極權主義世界中，他們就會知道這些作品還只能在自由主義世界中，可以由它們存在的。

自由主義者不得不相信文化的發展是自然的，我們不能因其緩慢，就想用意志或權力去作一種領導。許多不耐煩的人就希望用自已的一套理論要領導文化向一個方向推進。這永遠是一件危險的事。

海耶克在《到奴役之路》裡有一段話：「自由主義後來所以慢慢的被人認作是一種『消極』的信條，因為它所給予個人的只是眾人進步中的一個微粒；而這些小的進步，也已成為應當的進步，不再承認是自由主義的功績。我們甚至可以說，自由主義之成功的理由也是衰微的理由。因自由主義的成功，人們對於未消滅的罪惡，更看得清楚，也更不能容忍。在他們目光中，這些無法容忍的罪惡是不必要的。」

我們把這一段話用於一般人對於現代的自由主義下的文學、藝術的不耐煩態度也真是非常合式的。由於自由主義下的文學、藝術的信條被認為是消極的，迫不及待的人們，不是傾向於共產主義的一套藝術理論，就是想建立另一套政治的、倫理的方案來對他們領導。

自由主義文學、藝術上所產生壞的結果，即我上面所說的因求多產多銷而產生的大量的談不到是文學與藝術作品，或甚至有害於社會的東西，也即是一般心急的人們所看清楚而不能容忍的罪惡；為要取締這些罪惡，他們就不惜借用極權主義所用的方法與手段，殊不知由此而破壞自由主義的罪惡，可能是大於所取締的罪惡呢。

那些由文藝變成商品而求多產多銷的作品，本不是自由主義所承認的文藝，原可不必有所論及，但這裡，作為自由主義文藝思想中的流弊的問題，我們似也必須澄清一下才對。

從多產來看，許多作品也正如在極權主義下的作品，他們並沒有表達，而只是一種傳達。用比喻來說，這正如一個孩子的假哭，孩子的哭本來是痛苦的表達，他要讓母親知道則是一種傳達，如今他並無痛苦，只作傳達之用，假裝哭泣，要求父母滿足他一種欲求。譬如，一個孩子見到姊姊在病中呻吟，父母叫她不要去上學，他也假作呻吟，以收賴學之效。他的呻吟就不是一種表達，而只是一種傳達。這些作品所傳達的大都是陳雜的題材與內容，大家都已經用得不要用的東西，隨便拿來，改頭換面，重新傳達。

從多銷來看，也是一樣，作者不必有所表達，只作傳達；他所傳達的則是低級趣味的驚險與色情，自然只是些陳腔濫調，滿足一些無知讀者的本能的發洩而已。

這兩種東西，自然談不到是文藝。以第一種而論，完全是作者個人的投機取巧；以第二種而論，作者以外，還有出版與發行的人們在鼓勵。二者往往並不能絕對分清。但前者因為還有一個固定的作者在負責，所以雖是不好，還不至如後者一樣。至於後者，則出品篇篇換名，作者甚至怕人知道自己，因此其內容就可以變成誨淫誨盜，流害於社會實在很大。

由於這些罪惡在自由主義文藝世界中出現；許多人因此不能容忍，以為只要一取締就可以沒有，或者因此就相信文藝需要一個大題目來作領導。

這些人的意見，其出發點原是好的。可是這也就是自由主義與極權主義的分界。我們一發動取締或統制，就很快的會發展成為一個可怕的極權。對於這些作品，我們的標準雖是指毫無表達的一些東西來說，可是在辨別方面，這就即使是內行人，也很難馬上可以就下判斷的。一種假作的表達，最簡單的如孩子的假哭，做父母的有時都難辨別，何況是那些技術上都有訓練的作者。而且可保留與應取締這個分界線很難劃定，尤其屬於藝術的作品，大膽地定一個標準，其結果往往是錯的。

用一個標準來衡量真假美醜，在人類史上，自蘇格拉底起，不知道有多少慘劇，多少現在流傳下來的偉大的文藝作品，在當時都曾經受過色情的或異端的指斥。我們想到這一點，就更應當相信，人類發展成一種自由主義容忍的精神，曾經流過不少的鮮血。我們應當非常謙虛的，不要憑一己的一時的想法，而定出禁條才對。

在現在的自由主義世界中，這些連環圖畫與色情電影的流害，已是誰都知道的事實。在先進的民主自由國家的當局，自然沒有不清楚的。其所以不作貿然的措置者，正因為由此而牽涉的問題實在太多。英國因為發現他們的阿飛主義，那是由這些連環圖畫而起，由教育家與出版家們研究商討，於一九五一年起，已陸續出版精彩美麗的以古典文學故事為內容的連環圖畫，現在已經取舊的連環圖畫而代之了。但是效果如何，還不知道。

關於這些自由主義制度中的流弊，也不僅文藝界如此，別方面也一樣。但我們也只能在法律範圍以內去限制。而在另一方面，唯一的辦法也就只有推行正面的疏導與改善，去謀代替或改進。光是連環圖這樣事情，英國要用六年的時間逐漸的改進，也可見人家處事的謹慎了。

在極權主義下，他們一再宣揚沒有偷盜一類的事情。但是他們的幹部在小城小鎮鄉區小村的為非作惡，其害人遠比偷盜為甚。我們不能因為自由主義制度中有偷盜，也把人們居住行動的自由都加以限制，好像把人都放在集中營一樣。我們找出偷盜的原因，而予以解決，如失業救濟、習藝所、兒童教養所一類的建立，其收效雖緩，但沒有流弊。所以，許多不良的現象，正如一個人病象一樣，是一種警告，我們應當研究其病源而給以治療，不能以壓抑病象為治療的方法。

幾年前，美國紳士雜誌的美女裸畫，被控告為誨淫，涉訟甚久。結果勝訴的還是紳士雜誌，其裸畫也照舊刊載；我們不能說它的裸畫一定誨淫，也不敢說一定不誨淫，關於這種兩可的判斷，有時候正是仁者見仁，智者見智的，也只是根據法律的條例，法官或陪審官也不該有主觀的觀感。他們可能看了這畫動了淫念，也可能他們不動淫念，可是給他們年輕的孩子看了會動淫念；他們也可能想到如果還在做學生的時候，看這畫也會動淫念。但是在判案的時候，他們只是根據法律與判例，這就是民主制度下自由主義的精神所該堅守的原則。一破這個原則，極權主義的想法都出來了。

觀於現代自由主義下之真正的所謂文學、藝術之現狀，大家都以為這是缺乏一個中心的信念所致。所謂神，所謂道德，所謂規律，所謂良心都已經失去了確切的憑藉，不少的宗教家與思想家都為此擔憂，西方有不少的思想家與學者希望重新建立對於基督教精神的信賴，可是成效很少。除此以外，想建立一個統一精神的，往往就限於極權思想的範疇了。

其實，現代的自由主義下的文藝、藝術也正是個人對於這個時代的反映，面對著原子彈的威脅，各國軍備的競爭，冷戰緊張，國際上大小的衝突，慘無人道的集中營，狂熱的教條迷信以及千千萬萬從鐵幕流亡出來的難民群。個人的苦悶不安，徬徨無依之感，正如在大海狂濤中的小舟。我們因此也無法完全怪這些作家與藝術家，對這個時代負責的則是整個的人類。人類在歷史中創造摸索，歷盡艱苦，流過不少的血，才發現了個人的價值，肯定了一個自由主義的精神，這精神就是謙虛、容納與忍耐。

不能堅守這個精神，我們就會墮入極權主義的地獄。只要看看鐵幕後的人們怎麼活著，我們不難知道地獄的情況。那裡有神，神是一個主義；那裡有道德，道德是奴隸的道德；那裡有法律，那是犬吠的規律（是下級服從上級，少數服從多數的規律）。那裡有良心，那是齒輪的良心（人只是一個機器裡的齒輪，他的良心是沒有自覺的）。我們是多麼應當看重我們自由主義的精神呢。

自由主義並不規劃什麼，但相信個人自由的發展，在共同發展之中，一定會有建樹。我們並不能預卜建樹甚麼，但相信我們在謙虛、容納、忍耐之中盡個人的努力，就一定可有所建樹。這是我對自由主義的信念，也即是我對現代的文學、藝術前途的一種信念。

即使在目前，我們單獨看看一派一家或幾個作家與藝術家的作品，也許不覺得甚麼，但是放在一起，就馬上顯得現代的文藝之豐富。可以從這許多千千萬萬的角度看一個世界，可以由這許多千千萬萬的個別的心靈來反映一個世界，這就是自由主義偉大的地方，也即是自由主義的功績。

在這個驚心動魄的時代與千變萬化的世界中，每個人感到自己的渺小是當然的，但倘若只看到魔鬼的魔力，以為依賴它就可以使自己偉大；這正是浮士德把靈魂押與梅菲斯托費里斯的悲劇了。

一九五六年、一二、二一、晨六時。

附錄　我的馬克思主義時代

記得有一位英國的作家——不知是不是蕭伯納——說過，一個人在二十歲時不相信共產主義是傻瓜，二十五歲再相信共產主義則是蠢才。

這句話，我現在還是覺得很有道理。有的人一定要問，難道像列寧、周恩來之輩也是蠢才？我說：他們當然不是蠢才，因為他們早已不是「共產主義」的信徒，而是知道了怎麼去操縱共產主義的法術去掌握與爭取政權。

我呢？二十歲時候，的確是共產主義的信徒，但到了二十七歲才真正擺脫了共產主義的鎖枷。當我二十歲的時候，馬克思主義的思想在中國風靡一時。這原因是因為俄國革命成功後，由於列寧的新經濟政策的實施，使俄國的政局穩定，經濟復興；由於北伐前國共的合作；由於日本的思想界左傾思想興盛，譯者蜂擁，中國的出版界大量的介紹這些作品。

當時我還是一個大學生，處於這樣的思潮中，受各方面的挑戰，好勝爭強，幾乎這些艱澀的譯作，本本都讀。那正是知識慾旺盛的年齡，但是消化力不見得強，有的實在是生吞活剝的吃下去。那時候馬克思的《資本論》還沒有中譯本，我在上海買了一部《萬人叢書》Everyman Library英譯本上下兩冊的本子，也勉強的一知半解把它讀完。那候我的經濟學知識很差，我記得只讀過一本普通經濟學的教科書，同日本河上肇的《新經濟學大綱》，就硬著頭皮讀了《資本論》，自以為可以傲視儕輩。

而讀了這些馬克思主義思想的書籍，起最大作用的就是輕視其他的學說，翻翻那些學校裡教授指定的參考書，就輕視的叱之為「資產階級」反動思想唯心論的玩意兒，不值一談。

等到自以為精通馬克思理論以後，繼起的問題就是實踐。所謂馬克思主義是革命的理論，是指導無產階級革命的學說。一個人自以為精通馬克思學說而不實踐，那就是無「知」，也就是沙龍的社會主義，是小資產階級空想社會主義，是小資產階級劣根性的產物。

要克服小資產階級的劣根性，於是就起了犯罪感。逢到對馬克思學說，國際共產黨的措施等任何懷疑、思考、徬徨以及理論與事實的追求，都成為小資產階級，知識分子的劣根性，是先天性的「動搖」，因為真正的無產階級是決無此種懷疑、徬徨的各種姿態的動搖的。因此對於任何問題，譬如當時德蘇訂立互不侵犯條約，如果你要懷疑蘇聯的立場，你就可能被認為是失去了無產階級的純正的意識。

這種犯罪感使一個人開始恨自己的出身，因為無產階級才是真正新興的進步的階級，而自己偏來自封建地主或資本家或小資產階級的家庭，這不正是被革命的對象嗎？

那麼要怎麼樣才可以變成「無產階級」呢？那就要投入工農的行列。可是那些小資產階級，由於接觸馬克思主義而起信仰的大學生，怎麼會放棄大學生活而投入工農的行列呢？事實上，馬克思、恩格斯在當年，也沒有投入工農的行列，不過他們一生從事社會革命運動，從事社會革命運動，也正如毛澤東所說的是在火熱的革命中鬪爭，這也是可以從一個階級變成另一個階級。

這樣一說，要成為無產階級，如果不能變為工人，就該加入共產黨才對。許多當年的「同志」，大概也就這樣加入共產黨。

而我則始終是屬於「小資產階級」。而小資產階級，也正有進步的與反動的兩種，前者是革命者要團結的，後者則是要打倒的。我當時自然是屬於前者，也就是那些比我進步的朋友們認為可團結的，所以並沒有認為是必須排斥的分子。

當時，我以為精通了馬克思主義，但雖說沒有實踐就不配談精通，可是儕輩對於我頭頭是道的馬克思主義的知識，都很有敬意。當然，如果是無產階級，不用懂馬克思學說，一到「革命」的實踐，也就馬上「精通」了。這裡面，也就起了「認同」的問題。現在青年呼嚷認同是同「國族」認同，其實根據馬克思列寧主義，是只有「階級」認同，也就是「全世界無產階級聯合起來」的意思。我既是道地的小資產階級，自然必須往「進步」的方面走。這進步的表現也就是第一步對「反動」思想家，唯心論一類的思想，堅決抱敵對的態度，因此如果我讀了一些非馬克思唯物論的立場的書籍，我就立刻用馬克思主義者的立場來批評它，才顯得我的革命性。

當時，我對於心理學很有興趣，那時的心理學，正是行為主義風行的時代，我就用辯證法批評行為主義的學說，寫了幾篇文章。這些很幼稚的文章，一時就得到一些「同志」們稱讚，後來有一個在上海讀社會學的學生同我通信，由於他在攻讀社會心理學，不滿意教授的理論，他表示對我的文章很佩服，我們就此做了朋友。

一年以後，我回到上海，碰到了那位姓姚的朋友。那時候上海已有「左翼作家聯盟」，也有「左翼戲劇家聯盟」的組織。那位姓姚的朋友介紹了四五個對心理學有興趣的朋友，商量組織一個「左翼心理學家同盟」。他說他認識「中國左翼文化總同盟」的人，應該請他們派人來給我們一點指示與「承認」。

這樣，就約定了一天，我們幾個朋友就在我所租住的一家公寓房間等待一位「文總」的代表。

來的是一位很年輕的朋友，很誠懇的鼓勵我們組織這個聯盟，但是他既不談理論，也不談進行的方法，只說我們組織成了再與他聯絡。他待了不過十幾分鐘就走了。我們幾個人就決定再多聯絡一些人再敘敘。

可是以後似乎沒有再聚會，那位姓姚的朋友也沒有再積極推動，這當然正是小資產階級的劣根性。日子一多，也不知道他的下落了。

其實當時所謂的「文總」（左翼文化總同盟）下面也只有「左聯」、「劇聯」與「學聯」，並沒有其他的組織，我們只是想有點「作為」，自立門戶而已。

當時我還沒想在寫作方面努力，但也已經寫些小說與詩歌，對於「左聯」所號召的「無產階級文學」、「文學大眾化」一類問題，我並不十分熱心，因為我深深地了解那些所謂左翼作家，理論上修養多數不如我，而實踐上也沒有參加工農的行列，生活上完全是小資產階級的生活，文字始終是歐化的。我不相信任何討論可以有什麼實際的成績，後來可以說我的想法完全是對的。

所謂那種「犯罪感」，對於一個知識分子來說，往往成為可怕的陰影，擺脫並不很容易。因為隨時隨地都會覺得自己不是「無產階級」為可恥與可恨，我現在給了它一個名稱，是：「組織綜錯」。

這種「綜錯」是使一個人不斷的自責。同時，每一次想到和所謂「正統」態度與馬克思理論不符合的時候，你為表示你「階級意識」的正確，你不但不敢提出你獨立的看法，還會表示積極的擁護與為之解釋。譬如，當蘇聯與法西斯的德國訂不侵犯條約之時，你就會用「無產階級祖國」的利益種種為蘇聯的政策辯護。

一直到很久以後，當我已經過二十七歲，我才發現所謂「無產階級意識」根本就是不存在的東西，而所謂「無產階級」也只是一個幽靈似的名字。因為根據馬克思、恩格斯的說法，所謂無產階級，是：

「只有當他們找到工作時才能生存，而且只有當他們的勞動增值資本時，才能找到工作。這些勞動階級必須零星地出賣自己像商品一樣，像一切其他商業上的貨物，經常受競爭的起落與市場波動的影響。」

而事實上，這只是馬克思根據十九世紀工人情況而預言其將來之遭遇，認為當工業發展到某一階段，工人階級連生產工具都無法持有之時，除了零售其勞動力以外，無法生存。所以馬克思說：「無產者在這革命中只會失去自己頸上的一條鎖鍊，他們所能獲得的卻是整個世界。」

其實，現在的資本主義社會的工人階級要失去的不是鎖鍊，而是洋房汽車股票以及許多各種的財產了。

所以，馬克思所預言的「無產階級」，是根本沒有出現過，是不存在的階級，如果說會有，那也一定是獨裁的政權下的產物了！

現在流行的「勞動改造」，以為由此可產生「階級意識」，這也是騙人的東西，因為如果由此而產生了真正革命意識，那麼他的真正革命的對象不正是送他去改造的人嗎？

當時，我在上海接近來往的朋友比較廣泛，但是基本上我的對於馬克思主義的信仰並沒有改變。以後我去了法國，那時候我的法文程度只能讀些報告一類的東西。我在巴黎看到一本蘇聯史太林審判托洛斯基派的綜合報告。那是一本厚厚的書。因為正合我的法文程度，所以讀了大半部。

這本東西，很激烈的動搖了我對於「正統」共產國際的信仰，跟著我對於共產主義也起了懷疑。因為如果共產主義是好的，怎麼會產生這許多奇怪的偉大的革命人物，如托洛斯基、布哈林、拉狄克等等，忽而變成了叛黨叛國叛主義的罪犯呢？那時候有許多同情托洛斯基的人出來寫書，寫文章，我自然也讀了許多，後來也讀到紀德的《從蘇聯歸來》等書。我的思想起了很大的變化。

兩年後，我回到上海。上海正是「孤島」時代的上海。我的那些當年引我為同志的朋友，因為我提出那些批評史太林的書籍與文章，請他們給我解釋，我就被他們認為是「托派」。「托派」在當時那些「正統」國際派的人說來，也就是「漢奸」。我知道那些朋友的限度。我清楚地告訴他們，我並不相信托洛斯基的革命理論，只是在這許多托派人士被清算時，我同情他們而已。在許多論到托洛斯基的文章中，有一篇留給我印象特別深的，我現在已經記不起它的作者，他說：「我同情那些被史太林派清算的托派人士，但是，獨裁政治就是那麼回事，如果倒過來，托洛斯基當權，對史太林派也一定採取同樣殘酷的手段的。」我覺得道個論斷很有意思。那麼，基本上是共產主義並不是一個可靠的學說了。

我由否定共產主義，接著我也否定了馬克思主義。

我先是揚棄了他的唯物論接著是他的唯物史觀。那時候，我開始喜歡柏格森的哲學。

我的馬克思主義時代就是這樣結束，而且一去不復返了。

一九七六、一一，二二。

徐訏文集・評論卷01　PF0181

個人的覺醒與民主自由

作　　者　徐　訏
責任編輯　李冠慶、徐佑驊
圖文排版　周妤靜
封面設計　王嵩賀

出版策劃　釀出版
製作發行　秀威資訊科技股份有限公司
114 台北市內湖區瑞光路76巷65號1樓
電話：+886-2-2796-3638　傳真：+886-2-2796-1377
服務信箱：service@showwe.com.tw
http://www.showwe.com.tw
郵政劃撥　19563868　戶名：秀威資訊科技股份有限公司
展售門市　國家書店【松江門市】
104 台北市中山區松江路209號1樓
電話：+886-2-2518-0207　傳真：+886-2-2518-0778
網路訂購　秀威網路書店：http://www.bodbooks.com.tw
國家網路書店：http://www.govbooks.com.tw
法律顧問　毛國樑　律師
總 經 銷　聯合發行股份有限公司
231新北市新店區寶橋路235巷6弄6號4F
電話：+886-2-2917-8022　傳真：+886-2-2915-6275

出版日期　2016年6月　BOD一版
定　　價　200元

國家圖書館出版品預行編目

個人的覺醒與民主自由 / 徐訏著. -- 一版. -- 臺
北市 : 釀出版, 2016.06
面 ;　公分. -- (徐訏文集. 評論卷 ; 1)
BOD版
ISBN 978-986-445-107-4(平裝)

1. 言論集

078　　105004690

讀者回函卡

感謝您購買本書，為提升服務品質，請填妥以下資料，將讀者回函卡直接寄回或傳真本公司，收到您的寶貴意見後，我們會收藏記錄及檢討，謝謝！如您需要了解本公司最新出版書目、購書優惠或企劃活動，歡迎您上網查詢或下載相關資料：http:// www.showwe.com.tw

您購買的書名：______________________________

出生日期：________年________月________日

學歷：□高中（含）以下　□大專　□研究所（含）以上

職業：□製造業　□金融業　□資訊業　□軍警　□傳播業　□自由業

□服務業　□公務員　□教職　□學生　□家管　□其它_____

購書地點：□網路書店　□實體書店　□書展　□郵購　□贈閱　□其他

您從何得知本書的消息？

□網路書店　□實體書店　□網路搜尋　□電子報　□書訊　□雜誌

□傳播媒體　□親友推薦　□網站推薦　□部落格　□其他__________

您對本書的評價：(請填代號　1.非常滿意　2.滿意　3.尚可　4.再改進)

封面設計____　版面編排____　內容____　文／譯筆____　價格____

讀完書後您覺得：

□很有收穫　□有收穫　□收穫不多　□沒收穫

對我們的建議：______________________________

____

____

____

請貼
郵票

11466
台北市內湖區瑞光路 76 巷 65 號 1 樓

秀威資訊科技股份有限公司 收

BOD 數位出版事業部

（請沿線對折寄回，謝謝！）

姓　名：________________ 年齡：________ 性別：□女 □男

郵遞區號：□□□□□

地　址：________________________________

聯絡電話：(日) ________________ (夜) ________________

E-mail：________________________________